Roland Koch

Vision 21

Roland Koch

Vision 21

Ein Gegenmodell zur rot-grünen Republik

VERLAG DER UNIVERSITÄTSBUCHHANDLUNG
BLAZEK UND BERGMANN SEIT 1891

Verlag und Vertrieb:
Verlag der Universitätsbuchhandlung Blazek und Bergmann seit 1891 GmbH,
Postfach 20 01 62, D-60605 Frankfurt am Main,
Telefon (069) 152003-36, Telefax (069) 152003-44, http://www.hunzinger.de

Projektbetreuung: Moritz Hunzinger, Astrid Brandenburger, Frankfurt am Main
Redaktion: Dr. Ulrich-Christian Pallach, Dr. Helmut Georg Müller

Gesamtherstellung:
Universitätsdruckerei und Verlag H. Schmidt GmbH & Co, Mainz

Umschlagmotiv: Prof. Coordt von Mannstein, Solingen

November 1998
ISBN 3-9806536-0-9

Printed in Germany

Für Anke, Dirk und Peter

Inhaltsverzeichnis

9 Warum die Union eine Vision braucht

17 Ein kritischer Blick zurück –
Zur Vorgeschichte unserer Probleme

25 Ohne Werte keine Freiheit!

41 Wir brauchen die beste Bildung

61 Mit starker Hand gegen die Feinde der Freiheit

77 Genug Arbeit für Deutschland

103 Der Staat darf nicht zur Krake werden

137 Sozialsysteme behutsam modernisieren

147 Aktive Bürgergesellschaft als Chancengesellschaft

157 Familienpolitik jenseits der drei »K«

177 Den Wettbewerb der Länder stärken

195 Nachwort

Warum die Union eine Vision braucht

Am 27. September 1998, wenige Minuten nach 18.00 Uhr, endete die letzte große politische Epoche des so wechselvollen deutschen 20. Jahrhunderts. Nach dem Wiederaufbau unter Adenauer, Erhard und Kiesinger, der ersten linken Gegenbewegung unter Brandt und Schmidt wurden die 16 Jahre der Kohl-Ära durch eine unzweideutige und klare Wechselwahl zugunsten einer rot-grünen Regierung beendet.

Die Härte des Wechsels hatte Sieger und Geschlagene gleichermaßen überrascht. Wahrscheinlich ist es sogar wahr, daß viele derjenigen Wähler, die zum Wechsel beitrugen, in Wahrheit eine »Sowohl-als-auch-Politik« einer Großen Koalition erhofften und ebenfalls überrascht waren über die eindeutigen – durchaus dramatischen – Folgen ihrer Entscheidung.

Am Ende des 20. Jahrhunderts ist Deutschland eine reinrassig linke, rot-grüne Republik. Zum Jahrtausendwechsel gibt es einen linken Bundespräsidenten, einen linken Bundestagspräsidenten, einen linken Bundeskanzler, eine linke Verfassungsgerichtspräsidentin und linke Mehrheiten in beiden Kammern der Gesetzgebung. Die Vertreter rot-grüner Politik haben in einem demokratisch legitimierten Sinn die Macht, den Staat am Beginn des 21. Jahrhunderts nach ihren Vorstellungen zu gestalten.

Hat die CDU als große Volkspartei mit ihren epochalen Erfolgen von Sozialer Marktwirtschaft, Westbindung, Wiedervereinigung nun ihre Schuldigkeit getan? Folgt dem ersten halben Jahrhundert bundespolitischer Geschichte unter geistiger Führung der Union ein neues halbes Jahrhundert rot-grüner Färbung? Natürlich wird es in den ersten Jahren nach der herben Niederlage viele in der Union geben, die diese Fragen umtreiben. Nach dem relativ moderaten Einschnitt 1969 folgten immerhin 13 Jahre der Opposition für CDU und CSU. Dennoch blieb die sozialliberale Politik eine relativ kurze und mit Ausnahme der Ostpolitik spurlose zeitgeschichtliche Episode. Darf man jetzt die Hoffnung haben, daß es schlimmstenfalls wieder so kommt oder vielleicht sogar schneller vorübergeht?

Dieses Buch versucht eine Perspektive für all diejenigen zu eröffnen, die den harten Kurswechsel des 27. September 1998 durch eigenes politisches Wirken tatsächlich zu einer möglichst kurzen zeitgeschichtlichen Episode machen wollen. Ich warne auch aus hessischer Erfahrung vor der Erwartung, Rot-Grün werde schon nach kurzer Zeit an unüberwindbaren Gegensätzen, beispielsweise dem Streit über die Rolle Deutschlands in der Welt oder an Auseinandersetzungen über die Technologie, politisch von allein auseinanderfallen. Nach meiner Überzeugung wird aber nach vier, spätestens aber nach acht Jahren die lähmende Wirkung des rot-grünen Gesellschaftsmodells jedermann ersichtlich sein, und spätestens dann wird eine Mehrheit der Deutschen die Frage nach einem Kurswechsel stellen.

Eine Opposition ist nur gut, wenn sie den ernsthaften Willen hat, so schnell wie möglich die Regierung abzulösen. Das Tagesgeschäft eines Oppositionspolitikers ist deshalb vom Angriff auf die jeweils neuesten Taten der Regierung geprägt. Meine Zeit im Hessischen Landtag hat mir viel Anschauungsmaterial in diesem Sinne verschafft. Nicht zuletzt sorgen Teile der Medien dafür, daß programmatische Arbeit bestenfalls gelangweilt verfolgt, die Auseinandersetzung mit den Fehlern der Regierenden jedoch mit Schlagzeilen belohnt wird.

Mit diesem Buch möchte ich zumindest für mich selbst und für alle, die den Weg der Union verfolgen, die Frage beantworten, wie denn die Welt des 21. Jahrhunderts aussieht, auf die wir hoffen, für die wir arbeiten und für die wir kämpfen wollen. Ich empfinde es als eine der großen Schwächen bürgerlicher Parteien, daß ihnen allzu häufig die Kraft und der Mut zur Vision fehlen. Karl Marx hat allen alten Linken in der Welt im dialektischen Materialismus ein Denkmodell zur Verfügung gestellt, das in der Tristesse des Tages immer wieder die Gewißheit der klassenlosen Gesellschaft am Ende der Zeit erscheinen läßt. Marxisten und Sozialisten wähnen sich immer auf der richtigen Spur und hadern höchstens mit der Geschwindigkeit. Bürgerliche Politik, christlich orientierte Politik allzumal, ist immer vom Zweifel geplagt, egal ob es der Zweifel eines kritischen Rationalisten oder eines in der Demut der Fehlbarkeit lebenden Christen ist. Wir erhoffen eine bestimmte Welt in der Zukunft, aber wir glauben zu wissen, daß diese Welt nicht historisch vorbestimmt ist, und zögern deshalb, sie schon ganz genau zu beschreiben. Das ist ein Fehler. Dieser Fehler kann in einer immer mehr von modernen elektronischen Massenmedien bestimmten Gesellschaft das Ende unserer Ideen bedeuten. Dieses Buch arbeitet deshalb nicht die Programme von SPD und Grünen oder gar den Koalitionsvertrag ab. Manche Leser werden sogar kritisieren, über diese tagespolitischen Ereignisse werde ignorant hinweggegangen. Ich bitte die Leser, sich auf die trockene Materie der Statik einer modernen Gesellschaft einzulassen. »Vision 21« ist die Beleuchtung der Säulen, die für Deutschland in der Mitte des nächsten Jahrhunderts, also etwa zum 60. Geburtstag meiner Kinder, die Voraussetzungen für ein freies, friedliches Leben in Wohlstand sein werden.

Heute einen Text zur politischen Zukunft zu entwerfen, ohne mit den Problemen der Arbeitslosigkeit zu beginnen, verstößt schon beinahe gegen die political correctness. Und dennoch bin ich überzeugt, daß es sich hierbei um ein lösbares Übergangsproblem handelt, das unvergleichlich einfacher zu bewältigen ist als die Herausforderungen, eine Gesellschaft, in der jeder vor jedem fliehen kann, zusammenzuhalten. Werte, Bildung, Sicherheit – diese Begriffe entscheiden langfristig darüber, ob diese Gesellschaft zusammenbleibt und in Frieden leben kann. Die ökonomischen Fragen sind davon natürlich nicht zu trennen. Sie beeinflussen die von mir genannten

Prioritäten, aber sie sind nicht das zentrale geistige Fundament einer Gesellschaft. Natürlich ist auch dies schon eine Abgrenzung zur marxistischen ökonomischen Theorie, denn dies ist ein bürgerliches Buch.

Die Frage, ob wir bei gehöriger Anstrengung unserer Kräfte für die Menschen in unserem Land genügend Arbeit haben, ist schon heute positiv beantwortbar. Aus demselben Grund schreibe ich gleichfalls nicht ausführlich über die ökologische Thematik. Deutschland ist hier auf dem richtigen Weg – vorausgesetzt rot-grüne Politiker lernen, daß die Wirtschaft nicht der Feind des Menschen ist und daß hohe Ansprüche an die Qualität unserer Umwelt ebenso hohe Ansprüche an Forschung und Technologie bedeuten. Wir werden in den nächsten Jahren noch einige Fehlversuche im rot-grünen Irrgarten starten, aber es gibt schon heute moderne Staaten, die diese Herausforderung gemeistert haben. In einigen Jahren werden auch wir davon lernen. Diese Verspätung werden wir allerdings zu bezahlen haben.

Aber werden wir mit der modernen, flexiblen Welt fertig? Wollen Bürger in einem freien Land damit fertig werden? Die Bundestagswahl vom 27. September ist mit ihrer Niederlage für die bürgerlichen Reformansätze zur Anpassung an die neue globalisierte Welt kein Einzelfall. In nahezu allen modernen Industriestaaten haben diejenigen, die die Politikveränderungen einleiteten, zumindest zunächst die Mehrheit verloren.[1]

Die Gründe für die Veränderung der modernen Welt sind zum größten Teil tatsächlich ökonomischer Natur. Die Chancen, die ökonomischen Herausforderungen zu bestehen, sind groß, wenn wir es nur wollen. Aber wenn die Überwindung der Probleme gelingt, bedrängt uns die Frage, was die Gesellschaft zusammenhält. Weil es den bürgerlichen Kräften noch nicht ausreichend gelungen ist, diese Frage nach dem künftigen Zusammenhalt schlüssig zu beantworten, sind sie abgewählt worden. Auch in Deutschland werden meines Erachtens die Historiker diese Unsicherheit letztlich als bedeutender ansehen als die Frage, ob die Deutschen nach 16 Jahren Helmut Kohl ein anderes Gesicht wollten. Jenseits der großen Säulen Werte, Bildung, Sicherheit gehören zu diesen Elementen, die die Gesellschaft zusammenhalten, die Familie als Keimzelle der Gesellschaft, das bürgerschaftliche freiwillige Engagement für Staat und Gesellschaft und ein für die Bürger in seiner Machtfülle und seinen Ansprüchen zu ertragender Staat.

CDU und CSU haben für die tatsächlichen ökonomischen Herausforderungen ein ungleich klareres Konzept als Rot-Grün. Daß das Bestreben zu einem weltweiten Devisendirigismus[2] und ein erster Angriff auf die Unabhängigkeit der Notenbank zur Begleitmusik der ersten Tage der rot-grünen Republik gehörten, zeigt, daß das alte sozialistische, staatsdirigistische Denken des vergangenen Jahrhunderts auf der Seite unserer Gegner immer noch Pate steht. Aber wir werden mit unseren weltoffenen und optimistischen Perspektiven für wirtschaftliche Erfolge nur gehört werden, wenn wir die Fragen nach Stabilität, Berechenbarkeit, Verbindlichkeit und Verläßlichkeit beantworten. Die Vision von einer ökologischen und sozialen Marktwirtschaft kann das. Dazu braucht man die Kapitel vor und nach der Wirtschaft, und ebenso soll die Reihenfolge der folgenden Kapitel verstanden werden.

Dieses Buch beschreibt wichtige Bereiche, aber es ist unvollständig. Die Auswahl der Schwerpunkte ist natürlich eine Prioritätensetzung, eine Konzentration auf Gebiete, zu denen ich glaube, etwas beitragen zu können. Deshalb, und nur deshalb, endet das Buch an den nationalen Grenzen, wobei es sehr wohl die Bedeutung des gemeinsamen Hauses Europa und die gewachsene deutsche Verantwortung in der Welt in Rechnung stellt.[3] Dabei besteht für alle Ebenen der Politik eine weitere und damit unmittelbar zusammenhängende Herausforderung in der Änderung der politischen Arbeitsweise. Deutschland ist im Gegensatz zu vielen anderen Demokratien eine Koalitionsdemokratie. Konflikte werden häufig nicht durch klar durchschaubare Entscheidungsabläufe, sondern durch Hinterzimmerstrategien gelöst. Viele politische Forderungen werden durch die Koalitionsparteien schon jeweils mit der eigenen Schere des Koalitionsgesprächs im Kopf formuliert. Die Verschiebung der Regierungsverantwortung in die Koalitionsparteien hat in den letzten Jahren den rationalen Diskurs schwerer und teilweise unmöglich gemacht; auch das hat zur Verdrossenheit bei den Bürgern und zu wenig reflektierten Fehlentscheidungen beigetragen. Die

Anrufung des Bundesverfassungsgerichts wegen des beilegbaren Koalitionsstreits bei den Nato-Einsätzen oder die Paralyse bei einem dringenden Problem wie den 620-Mark-Arbeitsverhältnissen sind dafür Beispiele.

Natürlich haben meine Positionen etwas mit der Erfahrung eines Landespolitikers zu tun. Ich bin von der Leistungsfähigkeit dezentraler Strukturen überzeugt und schon deshalb ein engagierter Föderalist. Für diejenigen, die als Vertreter einer gerade noch jungen Generation um politische Verantwortung kämpfen, ist wichtig, Prinzipien mit ihrer praktischen Anwendung zu verbinden. Als Ministerpräsident eines Landes möchte ich eine solche Verbindung erreichen. Meine prinzipiellen Betrachtungen sind deshalb häufig verbunden mit der konkreten Erfahrung aus Hessen, was mir hoffentlich alle Leser aus anderen Regionen verzeihen werden.

Diese praktischen Ableitungen aus einer bürgerlichen Vision sind wichtig. Denn in der sich so schnell verändernden Welt haben sich die Gestaltungsmöglichkeiten für Politiker grundlegend geändert. Die Politik des auslaufenden Jahrhunderts konnte durch Gesetze gesellschaftliche Veränderungen bestimmen. In einer Welt, in der Grenzen hoffentlich gänzlich unbedeutend werden, wird das nicht mehr gehen. Politiker müssen neben der Gesetzgebungs- und Verwaltungskompetenz auch zu Moderatoren gesellschaftlicher Prozesse werden. Dazu brauchen sie besonders dringend etwas, was ihnen vor allem häufig abgesprochen wird: Glaubwürdigkeit. Meine hessischen Bemühungen haben zum Ziel, die Vision der Gesellschaft des 21. Jahrhunderts in überschaubaren Projekten für die Bürger nachvollziehbare Wirklichkeit werden zu lassen. Weniger versprechen, das aber halten, so muß die Devise lauten. Ein prinzipiell wohlhabendes Land wie Hessen, in dem es durch falsche Politik einige eklatante Fehlentwicklungen gegeben hat, ist für diese Form der Herausforderung besonders geeignet. So verstandene Landespolitik funktioniert natürlich nur vor dem Hintergrund eines Gesamtbildes der Gesellschaft von morgen. An diesem Bild muß die Union in Deutschland malen, dazu sollen diese Gedanken ein Beitrag sein.

Die Herausforderungen in Bund und in den Ländern kann nur eine neue CDU bewältigen. Neu nicht, weil sie alles Vergangene über Bord wirft. Neu deshalb, weil sie mit der Autorität vergangener Erfolge die Kraft zu dem neuen großen Wurf der Vision für das 21. Jahrhundert hat. Neu auch deshalb, weil sie das personelle Angebot machen kann, bis weit in das 21. Jahrhundert hinein verläßlich und verbindlich zu führen.

Die CDU wird sich von Sozialromantikern der 70er Jahre entfernen, weil sie in einer vergangenen Zeit stehengeblieben sind. Aber der Begriff der »Neuen sozialen Frage« hat damals das geleistet, was heute wieder gefragt ist. Er lenkte den Blick auf das, was eine Gesellschaft zusammenhalten kann.

Je schneller es uns gelingt, wieder die Partei in der Tradition Ludwig Erhards zu werden, um so schneller erlangen wir wieder das Vertrauen der Mehrheit der Deutschen. Und das möchte ich nicht erst als Rentner erleben.

1 Die Erfahrungen der radikalen Reformen in Neuseeland vor mehr als einem Jahrzehnt sprechen davon ebenso wie die Schicksale von George Bush in den USA, Carl Bildt in Schweden, Ruud Lubbers in den Niederlanden und erst vor kurzem von Alain Juppé in Frankreich.

2 Einen Eindruck auf Bevorstehendes geben die »Empfehlungen« von O. Lafontaine an die Deutsche Bundesbank wenige Tage nach der Bundestagswahl.

3 Weitergehend dazu z. B. Friedbert Pflüger: Der Friede bleibt bedroht, Bonn 1998.

Ein kritischer Blick zurück – Zur Vorgeschichte unserer Probleme

Unser Land steht am Ende des 20. Jahrhunderts vor neuen Herausforderungen, für die wir gerüstet sind, wenn wir sie richtig erkennen und annehmen. Ich meine damit zum einen die rasche Umgestaltung der internationalen Wirtschaftsbeziehungen, die rasante Veränderung von Arbeits- und Warenmärkten und die zunehmende Verflechtung von Arbeit und Wirtschaft weltweit. Der mittlerweile schon vertraut gewordene Begriff dafür lautet: Globalisierung. Zum anderen gilt es, in Deutschland – unabhängig von dieser Herausforderung – in Kernbereichen von Staat, Gesellschaft und Wirtschaft Reformen einzuleiten, um die Leistungsfähigkeit unseres Landes dauerhaft zu sichern.

Die globalen Entwicklungen werden in ihrer Brisanz für Deutschland durch unsere Einbindung in die Europäische Union nur zum Teil abgefedert. Wir erleben in Europa gewissermaßen eine etwas abgemilderte Spielart der Globalisierung, nicht zuletzt dank der Leistungsfähigkeit des großen europäischen Binnenmarktes, von dem unser Land so sehr profitiert. Zu diesem Binnenmarkt gehören jedoch auch Nationen, mit denen wir im Wettbewerb stehen; er ist also kein Schonraum. Wir werden unsere wirtschaftliche Leistungsfähigkeit weiter steigern und auf vielen Gebieten einen qualitativen Wandel initiieren müssen, wenn wir unseren Wohlstand wahren und mehren wollen.

Nach dem Ende des Zweiten Weltkrieges hat Deutschland ausreichend Gelegenheit gehabt, sich in der Bewältigung enormer Herausforderungen zu erproben und sie als das zu erkennen, was sie stets sind: Aufgaben, die man nicht verdrängen darf, die zuallererst eine Chance bedeuten und erst in zweiter Linie ein Risiko. Denken wir jenseits des deutschen Wirtschaftswunders nur an die 16 Jahre der Ära Kohl.

Die erste Herausforderung war die Überwindung von Stagnation und Perspektivlosigkeit nach den Regierungsjahren von Willy Brandt und Helmut Schmidt. In den 80er Jahren ist es gelungen, die folgenden Ziele zu erreichen: Deutschland wurde wieder ein verläßlicher außenpolitischer Partner; die lähmende Stimmung in der Gesellschaft, unter der auch die wirtschaftliche Wettbewerbsfähigkeit litt, konnte überwunden werden; die europäische Integration machte rasche Fortschritte – zum Nutzen Deutschlands wie Europas.

Damit war auch eine günstige Ausgangslage für die zweite große Herausforderung gegeben, nämlich die politische und ökonomische Bewältigung der deutschen Wiedervereinigung. Diese Anstrengung war dennoch so groß, daß sie unsere Ressourcen in jeder Beziehung beansprucht hat und noch beansprucht. Und auf der gesellschaftlichen Ebene gilt, daß das Zusammenwachsen dessen, was zusammengehört, auch seine Zeit braucht.

Wir sollten uns diese Leistung häufiger vor Augen halten, um sie in ihrem ganzen Ausmaß zu begreifen und die richtigen Schlußfolgerungen aus ihr zu ziehen: Sie dürfte historisch gesehen einmalig sein, unter dem Gesichtspunkt der (Außen-)Politik wie aus dem Blickwinkel des wirtschaftlichen Wiederaufbaus. Deutschland war dieser Anstrengung gewachsen und ist an ihr gewachsen.

Im Kontrast zu dieser positiven Bilanz steht bei einem erheblichen Teil der Bürger dieses Landes die Überzeugung, daß die Wiedervereinigung Deutschland überfordert habe und der Aufbau in den neuen Bundesländern nicht vorankomme. Schwerwiegender ist jedoch etwas anderes: Wir neigen als Gesellschaft dazu, pessimistisch zu sein, Herausforderungen als Probleme und Risiko zu interpretieren und von Veränderungen Verschlechterungen zu erwarten. Die – noch – hohe Leistungsfähigkeit unseres Landes, das unbestreitbare Niveau des Lebensstandards und der Lebensqualität werden häufig von denselben Menschen unterbewertet, die tagtäglich davon profitieren. Umfragen zeigen immer wieder, daß der einzelne zwar seine persönliche Situation als durchaus gut einschätzt, die Gesamtlage des Landes und die Zukunftsperspektiven jedoch zugleich skeptisch sieht. Fragt man nach Entwicklungsdaten wie der Lage auf dem Arbeitsmarkt, dem Zustand der Umwelt oder der Anzahl der Verkehrstoten, herrscht vielfach die Überzeugung vor, daß alle diese Daten – im Widerspruch zu allgemein verfügbaren Informationen – sich ständig verschlechtern würden.

Zudem scheinen viele Bürger und auch manche politischen Parteien zu vergessen, daß Deutschland seinen ökonomischen Erfolg – und damit zum Teil seine innere Stabilität – dem erfolgreichen Umgang mit moderner Technologie und großer Innovationsbereitschaft verdankte und somit der Offenheit für Veränderungen. Vergessen wird allzu schnell, daß die Risikoszenarien, die manche unserer Medien dominieren, sich noch immer als überzogen herausgestellt haben.

Sind dies nun »typisch deutsche« Befindlichkeiten? Geht mit der »Unfähigkeit zu trauern«, die uns Alexander Mitscherlich vorgeworfen hat, eine Unfähigkeit, sich zu freuen, einher? Haben die Deutschen als gelehrige, aber humorlose Schüler Paul Watzlawick zu ernst genommen?[1]

Ich glaube das nicht. Wir konnten in den letzten Jahren auch in anderen westlichen Ländern ganz ähnliche Phänomene, Phasen der Mutlosigkeit, der Stagnation, des Verlustes von Orientierungen beobachten und haben dabei gelernt, daß diese Phasen überwunden werden können. Dazu gehören deutliche Signale der Politik, dazu gehört, daß die Menschen in unserem Lande ihre Stärken realistisch, d. h. zuversichtlich einschätzen.

Dies ist eine zentrale These des Gegenmodells zur rot-grünen Republik. Wo immer rot-grüne Politiker bis heute regierten, wurden sie Protagonisten der Zukunftsangst und Weltmeister im Behindern.

Was wir brauchen, ist eine Überwindung der Sicht, Zukunft vorrangig unter dem Blickwinkel des Risikos zu interpretieren und sich dagegen in einer vielfach zu sehr auf Konsens und Kompromiß ausgerichteten gesellschaftlichen und politischen Kultur abzusichern. Es wirkt auf den ersten Blick paradox, ist aber keineswegs unlogisch, daß prosperierende Gesellschaften risikoscheu werden. Dadurch verlieren sie zwangsläufig an Leistungsfähigkeit, wie wir in ernstzunehmenden Ansätzen in Deutschland beobachten müssen. Keineswegs ist gesagt, daß ein Zurückfallen im Vergleich mit anderen Ländern bzw. Volkswirtschaften immer rechtzeitig bemerkt und sozusagen »automatisch« als Reaktion darauf ein erfolgreicher Spurt zurück in die Spitzengruppe unternommen würde. Dem »Vorsprung durch Rückstand« mag auch eine lange Depressionsphase vorangehen, deren wirtschaftliche und gesellschaftliche Konsequenzen desaströs sein dürften.

Dies zu vermeiden, brauchen wir einen offenen Dialog in Politik und Gesellschaft, der deutliche Markierungen für den Weg in eine »Chancengesellschaft«[2] setzt, also einen Paradigmenwechsel vorbereiten hilft. Insbesondere gilt es, die *richtigen* Probleme als solche zu erkennen. Dabei handelt es sich um Fehlentwicklungen, die zum Teil schon in der Frühzeit der Bundesrepublik Deutschland angelegt wurden, Fehlentwicklungen, an denen letztlich alle großen politischen Parteien und andere gesellschaftliche Institutionen mitbeteiligt gewesen sind:

- Unser Staat in allen seinen Organen hat versucht, zu viele Bereiche des öffentlichen wie privaten Lebens der Bundesbürger bis in Details hinein durch Gesetze, Verordnungen und Vorschriften zu regulieren. Die negativen Folgen sind nicht zu übersehen: Der Staat verliert an Energie für wesentliche Aufgaben, er blockiert sich selbst durch die unvermeidlichen Kollisionen und Widersprüche innerhalb eines so umfassenden und komplexen Regelwerks. Fast zwangsläufig provoziert die Verrechtlichung Prozesse zwischen den Bürgern, was zu weiterer Verdichtung des Regelwerks führt. Der Bürger verliert an Eigeninitiative, sowohl von seinen faktischen Möglichkeiten her als auch von der dadurch erzeugten Mentalität. Was mindestens ebenso schwer wiegt: Viele Bürger wissen genau, daß sie mit hoher Wahrscheinlichkeit aus Unkenntnis immer wieder gegen staatliche Vorschriften verstoßen, ohne daß dies Konsequenzen haben könnte. Der Staat hat eine Struktur geschaffen, die er selbst nicht mehr wirklich überschaut und in praxi durchsetzen kann. Allerdings sind die Bürger mit ihren Erwartungen an vollständige

Einzelfallgerechtigkeit im staatlichen und Verwaltungshandeln an dieser Entwicklung nicht ganz unbeteiligt.

- Der Staat hat in einem langfristigen Prozeß der Kollektivierung den Bürgern einen großen Teil der Daseinsvorsorge abgenommen und ist dabei über das notwendige Maß hinausgegangen.
- Insbesondere hat er dadurch den Gemeinschaftssinn und die Selbstverantwortung der Bürger geschwächt und ihnen auch Aufgaben abgenommen, die sie mindestens so gut wie der Staat erfüllen könnten, vor allem im sozialen und kulturellen Bereich.

Unsere Systeme der sozialen Sicherung bedürfen dringend weiterer Reformen, die zu erheblichen Strukturveränderungen in Staat und Gesellschaft führen und auch einen ausgeprägten Mentalitätswandel in der Bevölkerung einleiten werden. Beides, der Strukturwandel und die Veränderung von Einstellungen, Denkgewohnheiten und Erwartungshaltungen, hängt eng miteinander zusammen. Die Aufgabe des Umgestaltungsprozesses wird dadurch nicht leichter!

- Im Zusammenhang damit ist die Staatsverschuldung zu sehen. Sie verringert in der Gegenwart den Gestaltungsspielraum der Politik und ist für die Zukunft eine schwere Belastung der nachfolgenden Generationen. Unser Staat hat zu viele Aufgaben übernommen und sich damit selbst überfordert, auch wenn man die derzeit besonderen Anforderungen durch die deutsche Wiedervereinigung mit in Rechnung stellt. Die Übernahme immer weiterer Aufgaben unter staatlicher Hoheit hat dazu geführt, daß die unvermeidliche Rechnung für diese Leistung nicht nur dem Steuerbürger in Form immer unerträglich werdender Steuern, sondern auch noch den Kindern und Enkeln in Form stetig steigender Staatsverschuldung zugestellt wird. Ein hochverschuldeter Staat aber wird anderen Nationen auf Dauer unterlegen sei; ganz abgesehen davon, daß Deutschland im Rahmen der europäischen Integration vertraglich bindende Regelungen für solche volkswirtschaftlichen Grundgrößen wie die Staatsverschuldung respektieren muß. Die derzeitige Verschuldung der öffentlichen Haushalte in der Bundesrepublik Deutschland erreicht mit rund 2 200 Milliarden DM etwa 60 Prozent des Bruttoinlandsproduktes, der Schuldendienst zehrt fast jede fünfte Mark des Bundeshaushalts auf.

- Schließlich haben wir es zugelassen, daß die Wertebasis unserer Gesellschaft einem Prozeß schleichender, zum Teil aber auch ganz offener Erosion ausgesetzt wurde. Dies beginnt bei der Entwöhnung von Solidarität und Eigenverantwortung, geht weiter mit der Infragestellung von Ehe und Familie als Lebensform und hört mit der Verdächtigung von Werten wie Verläßlichkeit, Sorgfalt und Rücksichtnahme im täglichen Umgang der Menschen miteinander als dubiose Sekundärtugenden noch lange nicht auf. Es ist ein bezeichnendes Symptom für diesen Prozeß, daß häufig schon der Versuch, einen gesellschaftlichen Dialog über die Frage unserer Werte anzustoßen, unter den Verdacht eines Konservatismus reaktionärer Provenienz gestellt wird. Mit dieser Frage begeben wir uns nur auf den ersten Anschein auf eine thematisch andere Ebene.

Das sind die Fragestellungen an jedes deutsche Politikmodell an der Schwelle zum 21. Jahrhundert. An einem Punkt unserer Geschichte, der uns große Anstrengungen abverlangen wird, haben wir eine Bilanz unserer Stärken und Schwächen zu ziehen und eine tragfähige Zukunftsperspektive für unser Land zu entwickeln. Nach meiner Überzeugung gelten dafür die folgenden Leitlinien:

- Eine sich rasch wandelnde Gesellschaft braucht stabile Werte und Verläßlichkeiten als Basis.
- Deutschland braucht ein Bildungs- und Ausbildungssystem der Weltspitzenklasse. Nur so kann unserem Land gelingen, seinen Wohlstand im Interesse aller Bürger zu erhalten und zu steigern. Darüber hinaus muß Schule sich wieder mehr darauf besinnen, daß zu ihren Aufgaben auch die Vermittlung von Werten und die Formung von Persönlichkeiten gehören.
- Die Beförderung der Inneren Sicherheit in Deutschland bedarf weiterhin vermehrter Anstrengungen. Von Gesetz und Ordnung zu reden, darf kein Tabuthema sein. »Nur Sicherheit garantiert Freiheit.« (Wilhelm von Humboldt)

- Die Zahl der Arbeitslosen muß – und kann – dauerhaft gesenkt werden. Erwerbsarbeit ist von zentraler Bedeutung für praktisch jeden erwerbsfähigen Bundesbürger. Anstatt jedoch vorhandene Arbeit nur umverteilen zu wollen, gilt es, auch in Zukunft das Wachstumspotential der deutschen Wirtschaft zu fördern und auszubauen. Dann kann es genug Arbeit für alle geben!
- Eine schwere Hypothek für uns und für die kommenden Generationen ist die Staatsverschuldung. Sie muß baldmöglichst reduziert werden. Andere Länder haben uns in jüngster Zeit gezeigt, daß und wie dies möglich ist. Zu einer solchen Reform gehört unverzichtbar ein grundlegender Umbau unseres Steuersystems als politisches Desiderat ersten Ranges während der nächsten Jahre. Ziel ist die aktive Bürgergesellschaft, die wieder mehr Eigenverantwortung praktiziert und das Ausmaß staatlicher Eingriffe neu definiert.
- Die Neuvermessung staatlicher Aktivitäten gilt auch für das Verhältnis zu den Bundesländern, die sich innerhalb Deutschlands und in Europa einem Wettbewerb der Regionen werden stellen müssen. Dazu bedarf es klarer Abgrenzung zwischen dem, was auf nationaler Ebene getan werden muß, und dem, was die Länder leisten können. Größere Flexibilität und Dynamik, die dadurch möglich werden, stärken die Leistungsfähigkeit Deutschlands im ganzen.
- Zu den bedeutendsten gesellschaftlichen Veränderungen unserer Zeit gehört die neue Rolle der Frauen in Familie, Wirtschaft und Gesellschaft. Der Anspruch der Frauen auf eine eigenständige Lebens- und Erwerbsbiographie ist ein Potential, das positiv genutzt werden muß. Zugleich ist es weiterhin richtig, daß intakte Familien unverzichtbare Bausteine eines Gemeinwesens sind.

Diese historisch gewachsenen Aufgaben müssen und können wir in den kommenden Jahren meistern. Sie hängen eng miteinander zusammen, bedingen und verstärken einander. Wie schon erwähnt, erleichtert dies die Aufgabe der Reform keineswegs, denn wir müssen versuchen, auf mehreren grundlegend wichtigen Gebieten zugleich voranzukommen: Ohne Abbau der Staatsverschuldung keine Chance für eine große Steuerreform;

ohne Strukturwandel der sozialen Sicherungssysteme keine Entlastung von Staat und Bürgern; ohne eine Verständigung über die unverzichtbare Wertebasis unserer Gesellschaft keine stabile, solidarische und aktive Bürgergesellschaft.

1 Der Arzt und Psychologe Alexander Mitscherlich kritisierte die vorgebliche Unfähigkeit der Deutschen, über die Verbrechen des Naziregimes angemessen zu trauern. Dieser Vorwurf wurde fast zu einer Standardwaffe in den politischen Debatten der 70er Jahre, Alexander Mitscherlich, Die Unfähigkeit zu trauern, 1967; Paul Watzlawicks »Anleitung zum Unglücklichsein«, 1983 erschienen, ist eine ironische, aber nichtsdestoweniger ernstzunehmende Studie über die Möglichkeiten, seinem Glück erfolgreich im Weg zu stehen.

2 In den Kapiteln »Der Staat darf nicht zur Krake werden« und »Aktive Bürgergesellschaft als Chancengesellschaft« werden einige bereits erschienene Aufsätze aufgegriffen: Aktive Bürgergesellschaft – Eine Idee setzt sich durch, in: Roland Koch (Hg.), Aktive Bürgergesellschaft. Mitgestalten, mitverantworten, München 1998, S. 7–16; Staat ohne Schulden – Vision oder Utopie? und Aktive Bürgergesellschaft – Konzept gegen den Verlust der Nähe, beide in: Roland Koch (Hg.), Chancengesellschaft, München 1997, S. 31–51 und S. 205–223.

Ohne Werte keine Freiheit!

Eine pluralistische und mobile Gesellschaft, die sich rasch wandelt, bedarf stabiler Werte und Verläßlichkeiten. Ohne ein solches Fundament sind auf Dauer – und besonders in Zeiten eines tiefgreifenden Wandels – weder der Zusammenhalt der Gesellschaft noch ihre Freiheit zu sichern: Ohne Werte keine Freiheit!

Die meisten westlichen Industrienationen erleben heute nach der Industriellen Revolution eine zweite Umwälzung, die weit über Wirtschaft und Technologie hinausgehend die meisten Lebensbereiche erfaßt: die Gestaltung der individuellen Biographie ebenso wie das Arbeitsleben, die kulturellen Überlieferungen ebenso wie die materielle Umwelt, die Verhaltensmuster von Individuum und Gesellschaft ebenso wie die Herausbildung neuer Gruppen und Subkulturen.

Es ist an der Zeit, eine nüchterne Bilanz dieses Umbruchs zu ziehen. Nicht, daß es die erste ihrer Art wäre: Je nach der politischen Position sind die Folgen von »1968« als Beginn einer säkularen Befreiung oder einer schleichenden Auflösung aller tradierten Werte interpretiert worden. Letzteres ist eine reale Gefahr, wie wir mit wachsendem zeitlichen Abstand noch deutlicher erkennen und nüchterner als früher konstatieren können. Doch stellt »1968« nur einen Aspekt einer umfassenden Umwälzung dar, die durchaus nicht nur negativ gesehen werden darf. Im Gegenteil: Die Bilanz wird Soll und Haben aufzuzeichnen haben.

Die Mobilität unserer deutschen Gesellschaft ist in fast unvorstellbarem Ausmaß gewachsen, auch wenn die Jugendlichen heute das kaum noch zu bemerken scheinen. Erinnerungen und Bilder aus den 50er und 60er Jahren beschwören bereits eine »Welt, die wir verloren« haben[1] - was nicht heißt, man müßte ihr nostalgisch nachhängen. Dabei handelt es sich um Mobilität in einem weiterreichenden Sinn als dem des Autofahrens. Es ist uns weitgehend überlassen, wo und wie wir morgen wohnen, leben und arbeiten werden: Verhaltensweisen, Denkmuster, vorstellbare Lebensentwürfe, all das hat überkommene Beschränkungen abgeworfen. Wie bei jedem derartigen Wandlungsprozeß, der sich zwar mitinitiieren, danach aber nur noch beschränkt steuern läßt, stehen Plus und Minus nebeneinander. Es ist Sache der Bürger und zugleich Aufgabe der Politik, eine Struktur verantwortbarer Präferenzen zu entwickeln, um die Dynamik nicht ins Chaos abgleiten zu lassen.

Die Zunahme von Lebenschancen und Gestaltungsmöglichkeiten, ein Großteil unseres gemeinschaftlichen und individuellen Wohlstands stehen auf der Habenseite. Unsere Wahlmöglichkeiten sind bereits selbstverständlich, der erreichte Lebensstandard ist Gegenstand kritischer Interpretation. Erkauft wurden diese Möglichkeiten mit einer Verunsicherung über Werte und mit hoher psychischer Beanspruchung des einzelnen durch das Tempo des Wandels: Berufsbilder verändern sich von heute auf morgen, während Ausbildungsgänge nach wie vor Jahre dauern; Fernsehen und Zeitschriften bieten Verhaltensmuster an, über die es in der Gesellschaft keine Verständigung geben konnte; Zukunftsvisionen werden vorgestellt, deren Werthaltigkeit nicht geprüft werden kann.

Pluralismus und Toleranz beginnen indes – im Verfall öffentlicher und individueller Moral – eine Kehrseite zu offenbaren: Die zunehmende Hinnahme von öffentlichem Vandalismus, die Gewöhnung an die sogenannte Klein- oder Bagatellkriminalität, die Akzeptanz »alternativer« Lebensformen bis hin zur Infragestellung oder gar Verdächtigung von Ehe und Familie, oder die Auswüchse des anonymen Voyeurismus im Internet, seien es Kinderpornographie oder die Bloßstellung eines Staatsmannes.

Eine solche Pluralisierung von Lebensstilen und Handlungsmöglichkeiten, verbunden und mitbedingt durch das historisch beispiellose Tempo des Wandels, führt zu manchmal paradoxen Reaktionen von Politik und Gesellschaft. Zum einen kommt es zu Rückzugstendenzen von Bürgern, Bürgerinitiativen und Parteien. Häufig wird in diesen Fällen versucht, die »Segnungen« der Moderne im gesellschaftlich-kulturellen Bereich, aber auch beim Lebensstandard, mit der vermeintlichen Gemütlichkeit einer ökonomisch und technologisch weniger anspruchsvoll scheinenden Vergangenheit zu vereinbaren. Der Philosoph Hermann Lübbe hat mit dem Wort von der »Musealisierung« unserer Alltagskultur einen Teil dieses Phänomens zutreffend beschrieben.[2]

Allerdings steht mehr auf dem Spiel als eine kulturhistorisch bemerkenswerte Rarität. An den extremen Rändern des politisch-gesellschaftlichen Spektrums offenbart sich die Ablehnung dessen, was dort pauschal als Moderne denunziert wird, in radikaler Rhetorik und noch radikalerer Praxis, sei es in den Anschlägen auf Atommüll-Transporte oder Asylantenheime. Doch auch abgesehen von solch extremen Mustern zeigen sich schon längst an der Trennlinie von Lebensstilen fast unversöhnliche, auch politisch relevante Konfliktpotentiale, wie man sie früher nur bei den »echten« politischen Streitfragen kannte.

Zum anderen scheint vielen Bürgern ein tatsächlicher Fortschritt in der Fülle ständiger Veränderungen kaum feststellbar und zugleich der Umgang mit dem sich wandelnden Alltag anstrengend zu sein. Ihnen geht es ähnlich wie Lewis Carrolls Märchenheldin Alice: Sie gerät in ein Land, in dem man rennen muß, nur um auf derselben Stelle zu bleiben. Auf ihre Bemerkung, bei ihr zu Hause komme man bei einem solchen Tempo vorwärts, antwortet ihr die schwarze Schach-Dame: »Ein ziemlich langsames Land! Hier bei uns muß man zweimal so schnell laufen wie wir jetzt, um anderswohin zu gelangen!«[3] Ein frustrierendes Erlebnis! Nicht ganz umsonst ist Sten Nadolnys »Entdeckung der Langsamkeit« eines der Kultbücher der 80er Jahre geworden.

Man darf auch nicht vergessen, daß die Zahl der deutschen Bürger, die voraussehbare Verhältnisse und eine eher geringe Entwicklungsgeschwindigkeit aus der eigenen Lebenserfahrung kennengelernt haben, durch die Wiedervereinigung erheblich gewachsen ist. Für manche von ihnen stellte und stellt sich die Freiheit der Wahl auch als deren Qual dar, die neue Lebensrasanz als Belastung. Daß vielerorts in den neuen Bundesländern nach anfänglicher Begeisterung über Kaufkraft und Reisefreiheit die als solche empfundenen Vorzüge der alten DDR-Verfaßtheit wiederentdeckt werden, beweist hinlänglich, daß technologischer und ökonomischer Fortschritt nicht hinreicht, um den ganzen Menschen zufriedenzustellen.[4]

Die Bilanz weist mithin Licht und Schatten auf, wie realistischerweise nicht anders zu erwarten bei einer so komplexen und die gesamte Gesellschaft erfassenden und von ihr wiederum beeinflußten Entwicklung. Anlaß zur Panik besteht sicher nicht, ein Grund zu ernsthaftem Nachdenken ist wohl gegeben; denn von dem gelingenden Umgang mit dieser zweiten Moderne hängt – auch – der Erfolg unseres Landes im globalen Wettbewerb ab, doch nicht nur er.

Kann man mit dem Phänomen der zweiten großen Modernisierung politisch umgehen? Sollte oder muß Politik versuchen, dieses Phänomen auch politisch zu beeinflussen? Ist gar eine Steuerung denkbar im Sinne der Lenkung und Vorgabe von Orientierungen für eine ganze Gesellschaft in ihrer Vielfalt?

Ganz gewiß wird jeder derartige Versuch, der die Freiheitlichkeit und Pluralität der deutschen Gesellschaft außer acht läßt, scheitern. Die Bilanz der jüngsten Vergangenheit – ob man sie als Postmoderne apostrophiert, als postindustrielle Epoche oder als Informationszeitalter – stellt sich unter sehr unterschiedlichen Blickwinkeln dar. Wo der eine erfreuliche Dynamik sieht und der andere unvermeidliche Begleiterscheinungen des Fortschritts diagnostiziert, befürchtet ein Dritter den Verfall tradierter Werte und Formen. Vielfalt und innere Widersprüchlichkeit kennzeichnen die Haltung der Bürger, aber auch der Parteien. Schon längst ist zukunftsscheues Festhalten an Gewesenem kein Merkmal der klassischen konservativen Parteien mehr.

Angesichts von Mobilität, rascher Veränderung und zunehmender gesellschaftlicher Differenzierung bei Interessen, Lebensformen und Lebensentwürfen stellt sich die Frage, was unsere Gesellschaft in Zukunft zusammenhalten kann. Eine klassische Antwort, die klassische Antwort überhaupt, würde lauten: Ein starker gemeinsamer Glaube oder aber in weltlichen Kategorien starke gemeinsame Interessen als Angehörige eines Gemeinwesens, vielleicht auch eines Volkes, einer Nation. So zu antworten haben wir in Deutschland immer noch und schon wieder unsere historisch bedingten, aber aus der aktuellen Situation ableitbaren Probleme: Eine gemeinschaftliche Verbindung über den Glauben gibt es als Prägung durch das christliche Abendland ganz sicher immer noch, aber es ist eher eine durch Sozialisation weitergegebene Verhaltensform denn eine aktive Handlungsmaxime. Kirchgänger sind eine immer kleiner werdende Minderheit, das Band, das jenseits unserer weltlichen Grenzen endet, hält die Gesellschaft leider nicht immer zusammen.

Und starke gemeinsame Interessen? Elementare Daseinsinteressen scheinen bei den staatlichen Lebensabsicherungssystemen halbwegs gut aufgehoben, ohne daß eine als real empfundene Gemeinschaft von Bürgern für sie eintreten müßte. Die Sinnfrage zu stellen, haben sich viele Deutsche abgewöhnt, soweit es nicht sehr private Lebensziele betrifft. Und das Gemeinwesen als Nation zu interpretieren, um von daher Orientierung zu gewinnen, bedarf in einem neuen und zusammenwachsenden Europa tatsächlich eines neuen Vokabulars und anderer Denkmuster – zumal in Deutschland. Als erstaunlich darf man aber konstatieren, daß die Überwindung der DDR-Diktatur kein stärkeres Gefühl einer gemeinsamen, im Wortsinne historischen Leistung der Deutschen in deren Bewußtsein gedrungen ist.

Nochmals also die Frage, was eine Gesellschaft, speziell die bundesdeutsche, zusammenhält. Eine hilfreiche Gegenfrage lautet, wie man sich denn das Zerfallen einer Gesellschaft konkret und nicht nur metaphorisch vorzustellen hat und welche Konsequenzen dies für die Handlungsfähigkeit der politischen Einheit Staat hätte. In praxi hat wohl niemand etwas Derartiges beobachten können – außer im Kriegsfall und bei regelrechten Revolutionen. Vielleicht ist die ehemalige Sowjetunion ein Beispiel dafür.

Was sich der Politik im Normalfall als Herausforderung bietet, ist die Bewahrung einer zumindest grundlegenden Solidarität und die Minimierung von Konflikten innerhalb einer Gesellschaft bzw. die regelkonforme Austragung solcher Interessenverschiedenheiten nach bestimmten Mustern und Konventionen. Diesen Normalfall erleben wir als politischen Alltag, ob es um die Rentenversicherung geht, eine Erhöhung des Kindergeldes oder mutmaßliche Sonderopfer wie eine Beteiligung der Beamten an der Altersversorgung. Nur scheinbar banal ist die Einsicht, daß Pluralisierung und Individualisierung die Zahl der potentiell in Konflikt miteinander liegenden Gruppeninteressen steigern. Ebensogut kann eine solche Interessenvielfalt fundamentale Konflikte abschwächen, zumal eine Gesellschaft, die sich eine derartige Pluralisierung leisten kann, wahrscheinlich relativ wohlhabend ist und Konflikte auf diese Weise abfedern kann. Zugleich trifft es jedoch auch zu, daß ein Wert wie Solidarität in einer reicheren Gesellschaft weniger gebraucht wird und damit im täglichen Leben an Bedeutung verliert. Was nicht heißt, daß man langfristig auf ihn verzichten kann: Auf kurze Sicht mag er überflüssig erscheinen. Auf Dauer – oder in einer finanziellen Krisensituation – wird man ihn wiederentdecken.

Nicht alle Interessenkonflikte lassen sich indes auf diese Weise auffangen, zumal ein schleichender Abbau von Solidarität die Bereitschaft zu Kompromissen dauerhaft schädigt. So kommt es z. B. zunehmend zu Spannungen zwischen den Generationen, die sich grundsätzlich von den traditionellen Eltern-Kind-Konflikten unterscheiden und vor allem in der Frage nach der jeweiligen Belastung, den Beiträgen und dem »Profit« aus der Altersvorsorge gründen. Noch bevor die Situation der Rentenkassen Anlaß zu ernsthaften Sorgen gab, hat der Verhaltensforscher Konrad Lorenz hellsichtig von einer »Pseudo-Artenbildung« gesprochen.[5] Damit meinte er die Erscheinung, daß innerhalb einer Gemeinschaft von Individuen derselben Art Trennungslinien dergestalt aufreißen oder aufgerissen werden können, daß die Zugehörigkeit zur selben Art – und damit auch bestimmte Verhaltensweisen wie Hilfsbereitschaft, Zurückhaltung und Schonung – negiert wird.

Und dies ist nicht das einzige Beispiel, das Anlaß zur Besorgnis gibt. Bei einigen extremen Vertreterinnen der Frauenemanzipation ließ sich die Neigung beobachten, den Rassenkampf durch einen Kampf zwischen den

Geschlechtern zu ersetzen. Jüngsten Datums sind die Positionen extremer Anhänger der Ökologiebewegung, für die das Lebensrecht des Menschen, zumal des ungeborenen, weit hinter dem von Tieren und Pflanzen rangiert.

Noch direkter mit dem beschleunigten Rhythmus unserer Lebenswelt hängt die Erscheinung von Traditionsbrüchen zusammen. Nun ist die neuere deutsche Geschichte wahrlich nicht arm an Umbrüchen, doch scheint das rasche Veralten und damit Wertloswerden von Lebenserfahrungen Alltag zu werden. Heutige Innovationsgeschwindigkeiten, auch im privaten Bereich, machen den Erfahrungsschatz der Eltern- und Großelterngeneration immer schneller zu einer Sache von antiquarischem Interesse. Die junggebliebene Oma, die mit ihrem halbwüchsigen Enkel zu Popmusik tanzt, macht sich gut in der Fernsehwerbung für geriatrische Stärkungsmittel. Relevanter jedoch ist die mögliche Sprachlosigkeit zwischen Eltern und Kindern, wenn die Erfahrungen und Interessen der einen den anderen nichts mehr sagen können. Dies gilt selbstverständlich in beiden Richtungen. Und damit ist mehr gemeint als nur die häufig zitierte Formel von der abnehmenden Halbwertzeit unseres verwertbaren Wissens. Um noch einmal Konrad Lorenz zu zitieren[6]: Wirklich bedenklich ist der Abriß der Lebens- und damit Werterfahrungen zwischen den Generationen.

Welche Instanzen können in dieser Lage Werte, Orientierungen, Verbindlichkeiten setzen? Und welche Werte müßten es sein? Welche Methode verspricht Erfolg, welche nicht? Die Debatte um Werte ist weder eine abgehobene Diskussion unter Intellektuellen noch eine moralinsaure Pflichtübung nostalgischer Konservativer. Sie hat direkt mit den Grundlagen von Politik und Gesellschaft zu tun. Eine Letztbegründung von Werten ist uns als Politikern und Bürgern nicht möglich. Dennoch muß die Rückbesinnung auf die Werteordnung des Christentums als eine alle Zeitabläufe überdauernde Verbindlichkeit unserer Maßstäbe auch die weltliche Werteordnung prägen. Werte und darauf begründbare Tugenden stehen eben nicht jeden Tag zu jedermanns Disposition. Politik kann die dauerhafte Verbindlichkeit dieser aus den Grundlagen des christlichen Glaubens kommenden Grundwerte nicht anordnen. Aber Politiker können diese Werte und Tugenden zu dauerhaft sichtbaren Maßstäben ihres Handelns machen.

Die Werteordnung des modernen christlichen Abendlandes basiert auf der von der Ebenbildlichkeit Gottes abgeleiteten unantastbaren Würde des einzelnen und in der am Beispiel von Adam so bildlich gewordenen Fehlbarkeit des Menschen, die jeden Absolutheitsanspruch ausschließt. So geprägt sind wir christlichen Demokraten von den Grundwerten

- Freiheit,
- Gerechtigkeit,
- Solidarität

überzeugt. Diese Ebene der Abstraktheit reicht für die praktische Anwendung, was denn die Gesellschaft konkret zusammenhält, nicht aus. Ohne Gesellschaft und Politik Bewegungsfreiheit rauben zu wollen, muß sich jedermann darüber im klaren sein, daß diese Grundsätze weitere Verbindlichkeiten nach sich ziehen müssen.

Auf die Frage, welche Verbindlichkeiten das sind, soll der große Nationalökonom Friedrich von Hayek geantwortet haben, keine Gesellschaft könne mehr als 200 Jahre überleben, wenn sie nicht auf die Werte von Familie, Eigentum und Ehrlichkeit gründe. Und so gibt es sehr konkrete Antworten auf die Frage nach den abzuleitenden wichtigen Verbindlichkeiten. Diese sind:

- Leistungsbereitschaft,
- Mut,
- Toleranz,
- Gesetzestreue,
- Verläßlichkeit.

Um keine fruchtlose Auseinandersetzung zu provozieren, eines vorweg: Die Reihenfolge sagt wenig über Prioritäten aus, wir dürfen diese Begriffe auch nicht gegeneinander ausspielen wie etwa in dem Slogan »Solidarität statt Ellenbogen« geschehen. Vielmehr bedingen diese Begriffe einander: Nur in ihrem Zusammenwirken ist eine freiheitliche, solidarische und erfolgreiche Gesellschaft mit der dazugehörigen Wirtschaftsordnung denkbar. Auch ohne die genannten Werte kasuistisch durchzudeklinieren, liegt es auf der Hand, daß eine leistungsfähige Soziale Marktwirtschaft ohne sie nicht funktionsfähig wäre, eine freiheitliche Gesellschaft entweder erstarren oder unregierbar werden würde. Gesetzestreue und Freiheit gehören in diesem Sinne untrennbar zusammen; ohne Solidarität werden keine Gemeinschaftsaufgaben lösbar sein; ohne Leistungsbereitschaft und Mut wird es die Ressourcen nicht geben, um wirksame Solidarität zu üben.

Freilich gehen diese Werte im gesellschaftlichen und ökonomischen System nicht restlos auf: Sie gehören zu unserer »conditio humana«, zu unserem historisch gewachsenen christlichen Europa, auch wenn wir in einem weltanschaulich neutralen Staat und in einer pluralistischen Gesellschaft leben. Damit ist ein zentrales Problem angesprochen, nämlich daß der freiheitliche säkularisierte Staat – wie E.-W. Böckenförde einmal angemerkt hat – von Voraussetzungen lebt, die er selbst nicht garantieren kann.

Welche Funktionen ergeben sich daraus für den Staat und die Politik? Ganz allgemein ist der Staat besonders in Deutschland schon seit langem mit Aufgaben überlastet und auch unter dem Gesichtspunkt von Werten und Moral überfrachtet worden. Hegels lang nachwirkende Deutung des Staates als Verkörperung einer sittlichen Idee – mit all den Folgewirkungen dieser Interpretation – kann beispielhaft dafür stehen.[7] Dies war und ist gefährlich: Der Staat und die Qualität seiner Handlungen wurden von vielen Deutschen überschätzt; die Bürger haben gelernt, ihrer eigenen Kraft wenig zu trauen; die Leistungsfähigkeit von Politik und Verwaltung wird durch das Übermaß von Angeboten und das dadurch wesentlich mitverursachte Anspruchsdenken der Bürger überfordert.

Zugleich hat sich nach dem Zweiten Weltkrieg – historisch bedingt und gut nachzuvollziehen – eine Abstinenz von Wertfragen entwickelt. Die Deutschen beschränkten sich auf den Wiederaufbau, auf die Wiederherstellung einer funktionierenden Wirtschaft. Sie wollten im Inneren und nach außen vor allem eines: Ruhe – bei Wohlstand. Vielen Bürgern und durchaus auch ihren politischen Vertretern war ein Nachdenken über mögliche weitergehende Aufgaben des Staates suspekt geworden. Nicht umsonst hat der amerikanische Außenminister Henry Kissinger die Bundesrepublik Deutschland eine »Volkswirtschaft auf der Suche nach ihrem Sinn« genannt.

Wir erleben derzeit, wo die »Grenzen der Wirksamkeit des Staates« – mit den Worten des preußischen Gelehrten und Reformpolitikers Wilhelm von Humboldt – in der Gegenwart gezogen sind. Der Staat für sich hat nur begrenzte Fähigkeiten, Werte zu schaffen, wenn er als freiheitlicher Staat bestehen soll.[8] Werte lassen sich nicht verordnen, allenfalls kann man ihre Verletzung sanktionieren. Positiv ausgedrückt: Was Werte und Orientierungen betrifft, soll der Staat einen rationalen Diskurs in der Gesellschaft ermöglichen und dessen Voraussetzungen sichern. Dies ist keine geringe Aufgabe. Rahmenbedingungen dieser Art zu setzen, ist schwieriger und erfordert sehr viel mehr Gestaltungskraft als die Ausarbeitung immer neuer Referentenentwürfe. Schließlich geht es um die grundsätzliche Frage, ob eine pluralistische Gesellschaft durch Orientierungsvorgaben der Politik gesteuert werden kann. Die Antwort kann »Ja« lauten, wenn diese Vorgaben Ergebnis einer Diskussion zwischen Politik und Bürgern sind und wenn auf die Festlegung der *äußerlichen* Formen dessen, was erreicht und wie gelebt werden soll, verzichtet wird. Vor allem aber müssen die Repräsentanten des Staates in ihrem öffentlichen Handeln die Werte vorleben, die wir uns für das gesellschaftliche Leben im Ganzen wünschen – eine Notwendigkeit, die unterschätzt worden ist. Dies zum Beispiel ist eine unerläßliche Rahmenbedingung. Eine andere lautet, daß die Politik den öffentlichen Institutionen unserer Gesellschaft wieder den klaren Auftrag erteilt, Werte zu vermitteln, und das ihr Mögliche unternimmt, den Mut dazu auch im »privaten« Raum zu stärken.

In ihrer aktuellen Gestalt eignen sich die Foren der Öffentlichkeit in unserem Land nur bedingt für einen solchen Diskurs, und auch daran krankt der politische Dialog. Dies beginnt wieder bei den großen Kirchen, die in den vergangenen Jahrzehnten sich ebenso wie die Mitglieder der weltlichen Gesellschaft eher in den sozialpolitischen Aktionismus – möglichst jenseits der Ozeane – geflüchtet haben, anstatt den Hort von Verbindlichkeit zu einer durchaus auch modernen gesellschaftspolitischen Kraft zu machen. Hunderttausende von Bürgern fliehen heute in die Verbindlichkeit von Sekten oder die Statik der Esoterik, eine Mahnung auch an die Bindungskraft der Kirchen. Ein Politiker ist nicht der Vormund der Kirchen. Deshalb kehre ich zu dieser Frage im folgenden nicht zurück, aber sie gehört zu den Schlüsselfragen der Zukunft.

Wir haben ja mit den genannten Schwächen des politischen Dialogs selbst genug zu tun. Nur selten wird dem Deutschen Bundestag bescheinigt, daß eine Aussprache vorbildlich für unsere politische Kultur gewesen sei. Viele Massenmedien taugen schon von ihrer Eigenart nicht für eine anspruchsvolle Debatte, weil ihre wesentliche Funktion Ablenkung und Unterhaltung ist.[9] So wird vieles davon abhängen, in welcher Intensität und Qualität es wieder zu einem direkteren Austausch von Positionen und Anschauungen zwischen der politischen Klasse im engeren Sinne und den Bürgern kommt. Auch hier besteht Bedarf an neuen Gestaltungen. Eines jedenfalls steht fest: Von wohlfahrtsstaatlichen Utopien – an denen es in keinem politischen Lager gefehlt hat –, die im Namen dieser oder jener Werte das Leben der Menschen bis ins Detail regeln, notfalls mit beglückendem Zwang, muß Abschied genommen werden.

Wo der Staat sich auf das Wesentliche zu konzentrieren versucht, sind andere Institutionen wieder stärker gefordert. Da in den entsprechenden Kapiteln darüber noch Weiteres zu sagen sein wird, sollen hier zwei Andeutungen genügen:

Die Schule hat in unserem Land begonnen, sich aus der Wertevermittlung zurückzuziehen. Dies hängt mit vielerlei zusammen, unter anderem mit der durch die gesamtgesellschaftliche Entwicklung mitbedingten Erosion von Werten, ist aber auch als Reaktion auf einen Rückzug des Staates aus diesem Bereich zu verstehen. Vielleicht darf man der Schule selbst den geringsten Vorwurf in diesem Zusammenhang machen. Zugleich wurden die rein funktionalen Aufgaben der Schule stärker betont.

Auch manche Eltern neigen dazu, von der Schule zwar in puncto Bildung und Ausbildung viel zu fordern – implizit, auch originäre Erziehungsaufgaben auf sie abzuschieben –, zugleich jedoch den Pädagogen früher übliche Disziplinarmöglichkeiten streitig zu machen. Hier gibt es unstreitig Reformbedarf.

Und auch in den Familien wird wieder intensiver über eine wertorientierte Erziehung nachzudenken sein, wobei für die Elterngeneration dasselbe gilt wie für die Politiker: Vorleben ist alles! Daß dies ein mühsamer Prozeß des Umsteuerns werden wird, ist offensichtlich. Über die entsprechenden Anforderungen an Familienpolitik als Gesellschaftspolitik und an die Bildungspolitik wird noch zu sprechen sein.

Natürlich stellt sich damit verschärft die Frage nach der Wertorientierung der politischen Parteien. Für die CDU gilt, daß sie auf eine lange Tradition der Integration unterschiedlicher weltanschaulicher Positionen zurückblicken kann, die wesentlich für ihren Aufstieg zu einer modernen Volkspartei geworden ist[10]: Christlich-Soziale, Liberale und Konservative nach traditionellem Sprachverständnis haben sich dort getroffen und miteinander verständigt. Mit der Vereinigung der beiden großen Konfessionen Deutschlands unter einem politischen Dach hat die CDU zudem einen Beitrag zur Überwindung der konfessionellen Spaltung geleistet, die für unser Land so schädlich gewesen ist.

Diese Position der Mitte, die politisch eine komfortable Basis bietet, kann aber auch Unschärfe und Beliebigkeit Vorschub leisten und ein zu bequemes Ruhebett sein. Bundestagswahlkampf und Bundestagswahl 1998 mit dem Anspruch der SPD, eine »neue Mitte« entdeckt und erfolgreich für sich reklamiert zu haben, beweisen dies zur Genüge. Zudem läßt die anhaltende Differenzierung der Wählerschaft, der Bürgergesellschaft überhaupt, einen bloßen Mittelweg zwischen »Kollektivismus« und »Individualismus«[11] als Standortbestimmung immer unzulänglicher erscheinen. Gerade eine große Partei braucht immer wieder die scharfe Profilierung, was nicht Einseitigkeit bedeutet, sondern Klärung der wesentlichen Standpunkte und Werte, für die sie eintritt.

Betrachtet man das Profil der jetzt angetretenen rot-grünen Regierungskoalition, ist festzustellen, daß wesentliche zukunftsbestimmende und zukunftssichernde Werte im Spektrum dieses politischen Richtungskonglomerates fehlen, insbesondere der Mut zur Zukunft. Dies hängt eng mit dem spezifischen Menschenbild des Sozialismus zusammen, das im wesentlichen pessimistisch ist. Auch die modernen Bürgerlichen verkennen negative Potentiale individuellen Handelns und der gesellschaftlichen Entwicklung im Ganzen nicht: Was sie aber ganz wesentlich vor allem vom Sozialismus trennt, ist ihre aus der historischen Erfahrung gespeiste Zuversicht, daß Individuen und Gesellschaft auch das Potential haben, mit negativen Konsequenzen besser fertig zu werden als jeder noch so ausgeklügelte Risikoverhinderungsstaat. Wer sowohl von der Zukunft als auch vom Bürger als Einzelwesen oder Interessengruppe stets zumindest das Schlimmere erwartet, beweist wenig Zukunftsfähigkeit und kann kein Garant für den Fortbestand einer freiheitlichen Gesellschaft sein. Letztlich hat das auch damit zu tun, daß in einem völlig verkürzten Verständnis von Werten diese gegeneinander ausgespielt werden, etwa Leistungsbereitschaft gegen Solidarität oder Freiheit gegen Gesetzestreue und Verläßlichkeit.

Dabei berührt es eigenartig, daß dieselben rot-grünen Kräfte, die vor zukunftsträchtigen Technologien, der Revitalisierung der Wirtschaft und der Belebung individueller Dynamik in der Gesellschaft zurückschrecken, in anderen Bereichen gewaltige und zugleich vorhersagbare Risiken nicht scheuen. Stichworte wie Ausstieg aus der NATO und die Staatsbürgerschaftsdiskussion seien hier nur als auffälligste Beispiele erwähnt. Deutschland steht nun vor einer neuartigen Situation, die viel vom Bürger und viel von den Kräften der politischen Vernunft verlangt. Der Machtwechsel in Bonn bzw. Berlin wird die Bewältigung der anstehenden Aufgaben nicht erleichtern. Doch auch so haben sich vor allem die Bürgerlichen beachtlichen Denkherausforderungen zu stellen, die ihre Kreativität und Innovationsfähigkeit beanspruchen werden. Paradigmatisch ist hier auf drei Konfliktzonen ganz besonders hinzuweisen, die einen regelrechten Spagat erfordern – gedanklich wie in der praktischen Bewältigung.

1. Unsere Gesellschaft wird in vielen Bereichen von selbst mobiler, flexibler und verändert sich rascher. Selbst wenn sie dies nicht von sich aus sein wollte: Sie sieht sich einem globalen Druck ausgesetzt, der eine solche Entwicklung fordert und fördert. Diesem Druck kann sie nur zum eigenen Schaden, nur in Nischen und nur auf kurze Zeit ausweichen. Dann muß sie ihm nachgeben und außerdem einen »Verspätungszuschlag« zahlen. Zugleich aber muß gerade eine wertorientierte, konservative und liberale Politik dafür sorgen helfen, daß stabile Strukturen in der Gesellschaft erhalten bleiben. Dies gehört zum Credo einer solchen Politik und ist zugleich ihre Crux. An nur einem, jedoch essentiellen Beispiel ins Konkrete übersetzt bedeutet dies: Größere Mobilitätsbereitschaft des Bürgers um des beruflichen

Fortkommens willen, seit langem gerade von konservativer Seite eingefordert, kann Ziele wie verläßliche Bindungen am Wohnort, ein Engagement des einzelnen in einer Gemeinschaft oder den Zusammenhalt von Familien nur begrenzt fördern. Auch für eine verstärkte häusliche Pflege der Alten durch die Jungen anstelle von Heimunterbringung wird die Mobilität nicht hilfreich sein. Der Politiker, der in den Bereichen Wirtschaft und Technologieakzeptanz das Engagement für die Moderne fordert, wird vom Bürger nicht, gleichsam kompensatorisch, auf anderen Lebensgebieten »altmodisches« Verhalten erwarten dürfen. Wenn, dann will dieser die neue Zeit voll ausnutzen und sich nicht ihren Zumutungen und zugleich den Zwängen der Vergangenheit beugen. Rot-grüne Politiker verheißen im Gegenzug die Illusion, von beiden Welten das Beste selektiv genießen zu können.

2. Es ist schon fast zur Routine politischer Deklarationen geworden, dem Bürger für die Zukunft mehr Wohlstand zu verheißen, ihm zugleich aber wachsende Anstrengungen anzukündigen – mit der neueren Variante, daß oft schon die Erhaltung des status quo unter diese Drohung gestellt wird. Positiv gewendet fällt dies unter die Rubrik Leistungsbereitschaft. Damit ist natürlich auch eine Orientierung auf den Gegenwert immer höherer Leistung verbunden, wenn »Leistung sich wieder lohnen« sollte. Dies darf jedoch nicht dazu führen, daß immaterielle Werte von Leistung, Einkommen und Konsum zunehmend verdrängt oder die weniger leistungsfähigen Mitglieder der Gesellschaft marginalisiert werden.

3. In Deutschland leben mehr als sieben Millionen ausländische Mitbürger. Die große Mehrheit von ihnen wird in Deutschland bleiben. Wir wollen für diese Menschen gute Nachbarn, gute Mitbürger sein. Wir bekennen uns zu Religionsfreiheit und Wertepluralismus, aber wir entdecken doch immer mehr, daß friedliches Zusammenleben auf Dauer eben etwas benötigt, was auch hier die »neue« Gesellschaft zusammenhält. Die Würde der Frau, der Respekt vor anderen Religionen, die Anerkennung des Gewaltmonopols des demokratischen Staates, dies alles sind Vorbedingungen für die Integration in unser Land als Teil des durch christliche Geschichte geprägten Europas. Toleranz, Pluralismus und diese Mindestanforderungen an eine gemeinsame Gesellschaft müssen in Übereinstimmung gebracht

werden. Die vermeintlich leichte rot-grüne Antwort der doppelten Staatsbürgerschaft ist so gesehen nur eine Flucht vor der Auflösung des Spagats, eine höchst gefährliche Lebenslüge.

Die potentielle und durchaus auch faktische Widersprüchlichkeit ist unübersehbar. Diese Widersprüchlichkeiten werden sich keinesfalls leicht auflösen lassen, sondern erfordern eine intelligente Politik des Setzens geeigneter Rahmenbedingungen. Ein solcher Diskurs über vernünftige Zielsetzungen ist durchaus möglich, weil und wenn er auch im Interesse der Bürger liegt. Im übrigen bedeuten Entwicklung, Veränderung und Wandel keine Kollision mit gegebenen Strukturen und keine Gefährdung von Werten, wenn das gesellschaftlich-politische Umfeld selbst flexibel ist und auf ein allzu dichtes Regelwerk verzichtet wird. Hier ist eine zeitgemäße bürgerliche Politik gefordert. Wenn wir fragen, was im Jahr 2000 und danach bürgerlich heißen kann, so wird eine Antwort lauten: Augenmaß bei der Einschätzung von Erneuerungsnotwendigkeiten; Vertrauen auf die Vernunft eines freiheitlichen Wirtschaftssystems und einer freiheitlichen Gesellschaftsordnung; Einsicht in die Begrenztheit der Möglichkeiten staatlichen und individuellen Handelns; gestalterische Phantasie durch Verzicht auf Denkschablonen. Damit werden sich ein schlankerer, leistungsfähigerer Staat schaffen und eine dynamische und zugleich solidarische Gesellschaft rekonstruieren lassen.

1 Der englische Historiker Peter Laslett meinte damit die Welt vor der Industriellen Revolution des 19. Jahrhunderts. Sein Buch »The World we have lost« erschien 1965; auch in deutscher Übersetzung erhältlich.

2 Zum Beispiel in: Hermann Lübbe, Für eine europäische Kulturpolitik. In: Europäische Kultur: das Zukunftsgut des Kontinents, Gütersloh 1990, S. 19–58.

3 Lewis Carroll, Alice hinter den Spiegeln.

4 Ludger Kühnhardt, Mitten im Umbruch. Historisch-politische Annäherungen an Zeitfragen, Bonn 1995, v. a. in dem Kapitel »Von den Chancen der Freiheit«, S. 12–20.

5 Konrad Lorenz, Die acht Todsünden der zivilisierten Menschheit, 2. Aufl. München 1973, v.a. Kap. VII, S. 71ff.

6 Ebd., S. 76ff.

7 Georg Wilhelm Friedrich Hegel, Grundlinien der Philosophie des Rechts, Berlin 1821.
8 Kühnhardt, S. 44.
9 So sieht es jedenfalls Neil Postman in seiner Analyse der amerikanischen Fernsehkultur und ihrer Auswirkungen auf den politischen und gesellschaftlichen Diskurs aus dem Jahre 1985: Wir amüsieren uns zu Tode. Urteilsbildung im Zeitalter der Unterhaltungsindustrie, v. a. Kap. 5 und 6.
10 Wulf Schönbohm, Günther E. Braun, CDU-Programmatik. Grundlagen und Herausforderungen, München und Wien 1981, v. a. die Beiträge von Norbert Blüm, Christlich-sozial: Dazwischen!, S. 11–16, Reinhard Frommelt, Die CDU und das liberale Erbe, S. 17–33, Karl Forster, Grundwertaussagen der CDU aus katholischer Sicht, S. 53–73, und Eberhard Amelung, Die Grundwertediskussion der CDU aus evangelischer Sicht, S. 74–95.
11 Ebd., S. 12–13.

Wir brauchen die beste Bildung

Warum brauchen wir in Deutschland ein Bildungs- und Ausbildungssystem der internationalen Spitzenklasse? Warum müssen wir stets die Weltmeister sein, genügt nicht auch ein bequemes Plätzchen im Mittelfeld? Glaubt man den Ergebnissen der »Third International Mathematics and Science Study« von 1997[1], liegen manche deutschen Schultypen in den mathematisch-naturwissenschaftlichen Fächern schon dort. Und es ist sicher kein bequemer Platz, von dem aus sie, d. h. ihre Schüler, die Zukunft unbesorgt betrachten könnten.

Die Parameter, die für jegliche Bildungspolitik in unserer Republik bestimmend sind, lauten sehr einfach:

- Deutschland ist ein rohstoffarmes Land. Es kann nur von Dienstleistungen und Industrieprodukten leben, von denen es den größten Teil exportieren muß.
- Die Deutschen liegen im Lebensstandard immer noch in der Weltspitzengruppe – das prägt Ansprüche –, ihre Lohnkosten sind in jeder Beziehung Weltklasse – das bringt uns in Zugzwang, was die Qualität der Produkte angeht.
- Da wir beim Export mit gleichfalls hochentwickelten Ländern konkurrieren müssen, die geringere Lohnkosten haben, müssen unsere Pro-

dukte im wörtlichen Sinne einmalig sein. An anderer Stelle werde ich davon sprechen, daß wir als Deutsche eine gute Chance haben, »complexity managers« der Welt zu werden – wenn Bildung und Ausbildung in unserem Land stimmen.

- Einstmals erworbene Positionen in der Weltwirtschaft erweisen sich als immer kurzlebiger, vom Ruf des »Made in Germany« kann man kaum länger zehren, als die Wirklichkeit ihm gerecht wird. Auf Dauer werden Schulniveau und Lebensstandard einander entsprechen.

Damit sind aber nur die gewissermaßen grob-materiellen Rahmenbedingungen umrissen. Die intellektuelle Leistungsfähigkeit eines Landes beruht nicht ausschließlich auf direkt meßbaren, für das Arbeitsleben unmittelbar relevanten Leistungen in Schule, Berufsausbildung und Universität. Der frühere baden-württembergische Ministerpräsident Lothar Späth hat manchen Spott dafür geerntet, doch er hatte völlig Recht, als er Stuttgart zu einer Kulturmetropole ausbaute. Die Begründung damals lautete, daß Unternehmen mit anspruchsvollen Produkten und ebensolchen Ansprüchen an ihr hochqualifiziertes Personal nur dann geeignete Mitarbeiter für einen Standort rekrutieren könnten, wenn dieser das entsprechende, geistig anregende Umfeld böte. Dies als barocke Attitüde oder elitäres Denken zu verwerfen, zeugte schon damals von wenig Weitblick und von einem sehr verengten Kulturbegriff. Dabei wissen wir in Wirklichkeit sehr genau, welche Bedeutung Kultur als Standortfaktor, als Wirtschaftsgröße überhaupt hat.[2]

Doch auch wenn der Standort nicht Stuttgart, Frankfurt am Main oder München heißt und der Konzern nicht Daimler-Benz, Lufthansa oder Siemens: Eine überall in der Bevölkerung und im Land lebendige Kultur, die Lust an Neuem weckt, ein konstruktives Gegengewicht zur Arbeit darstellt und dadurch die Kreativität beflügelt, ist in möglichster Breite und Tiefe unverzichtbar. Es sind nicht nur die großen Unternehmen und nicht allein die kulturellen Spitzenleistungen in manchen Metropolen Deutschlands, die eine tragfähige und lebendige nationale Kultur sowie den ökonomischen Erfolg ermöglichen. Gerade die Fülle mittlerer und kleiner Unternehmen sowie die Vielzahl von kulturell bedeutenden Stätten in Deutschland sind es, die unseren Reichtum, unsere Leistungsfähigkeit ausmachen.

In Deutschland existiert keine Provinz im pejorativen Wortsinn, jede mittelgroße Stadt und viele kleine haben ihre Museen und Theater, bieten eine große Auswahl an Bildungsstätten an und liefern mit ihren Bauwerken Anschauungsunterricht in Geschichte und Kunst.

Alles das gehört zum Fundament einer produktiven Kultur, auch wenn der einzelne möglicherweise nicht stets bemerkt, wie ihn diese kulturelle Umwelt inspiriert. Und es widerspricht dem Wesen von Kultur überhaupt nicht, diesen »funktionalen« Aspekt zu betonen. Jede Zeit – und damit auch die unsere – muß an ihrer Kulturumwelt weiterbauen. Auch dazu brauchen wir ein Bildungs- und Ausbildungssystem der Weltspitzenklasse. Ansonsten werden wir weder das nötige Verständnis für die Schätze von Vergangenheit und Gegenwart haben noch die Mittel aufbringen, sie uns zu erhalten und neue zu schaffen: Ohne materiellen Reichtum wären weder das Evangeliar Heinrichs des Löwen noch Watteaus Gemälde »L'Embarquement pour Cythère« im Lande geblieben.

Damit ist gleichzeitig gesagt, was ein solches Bildungssystem nach unserem bislang erfolgreichen Verständnis von Bildung nicht sein soll: eine reine Kaderschmiede für bestimmte technische, betriebswirtschaftliche und naturwissenschaftliche Berufsgänge. Wir wollen die ganze Fülle dessen, was gelehrt und gelernt werden kann. Dies allein ist bereits ein »search for excellence«, ein hoher Anspruch im Weltmaßstab. Denkbar, ja von zwingender Plausibilität ist jedoch, daß wir Gewichtungen in Schule, Universität und im dualen System zu überdenken haben, daß die Bedeutung bestimmter Disziplinen sich verändert, ja verändern muß.

Wir können von Glück sagen, daß wir nach langen Jahren der Unwissenheit durch internationale vergleichende Studien nun aufgeweckt worden sind – welche methodischen Einwände im einzelnen auch erhoben werden mögen und wie unterschiedlich weltweit die Schulsysteme sind. Gerade deshalb war die Auswahl von Mathematik und Naturwissenschaften sinnvoll, weil sie zu einer Minimierung kulturell bedingter Unterschiede bei den Testvoraussetzungen führte. Wir wissen auf der einen Seite, daß wir uns als Volkswirtschaft praktisch überall Leistungskontrollen und Zertifizierungen unterwerfen müssen. Es gibt kaum eine Schraube an einer deutschen

Maschine, deren Produktion nicht nach ISO 9000 zertifiziert ist. Obwohl wir pro Jahr weit mehr als 60 Milliarden DM für Bildung ausgeben, haben wir es andererseits über Jahrzehnte quer durch alle Parteien zugelassen, daß die Qualifikation von Schulabgängern nicht in vergleichbarer Weise kontrolliert wurde. Von Leistungsvergleichen zwischen den Schulen war gleich gar nicht die Rede.

Unter dem Schock der vermeintlichen »Bildungskatastrophe« und dem Einfluß von Bildungspolitik als Instrument gesellschaftlicher Umgestaltungsexperimente galt das Augenmerk allzu lange der Quantität von Absolventen nominell immer höherer Ausbildungsgänge und dem Ziel gesellschaftlicher Repräsentativität der Absolventen, vor allem auf den höheren Ebenen. Der Leistungsgedanke hat dabei notwendigerweise gelitten, wenn auch nicht in allen Bundesländern gleichermaßen. Mit Hilfe entsprechender Anpassungen der Kriterien reichten nachlassende Leistungen aus, um die jeweiligen Schulabschlüsse in der angestrebten Menge zu erreichen. Damit wurden jedoch die Schulabschlüsse völlig unvergleichbar. Der Staat als weitgehender Monopolist in Sachen Schul-, Berufsschul- und Universitätsausbildung hat die Pflicht, die jungen Menschen auf ein erfolgreiches Leben in Wirtschaft und Gesellschaft auszubilden und vorzubereiten. Er wird in seiner Leistung auch daran gemessen werden, ob er es schafft, daß dies an jedem Ort in einer angemessen gleichmäßigen Form geschieht. Es wird höchste Zeit, daß diese sehr sinnvolle Vereinheitlichung der Lebensverhältnisse erreicht wird.

Lange Zeit hat die deutsche Bildungspolitik statt dieser Frage mehr der ideologischen Streit um die richtigen Schulformen und ihren gesellschaftspolitischen Ballast geprägt. Es gibt Hoffnung, daß wir uns wenigstens zur Jahrtausendwende wichtigeren Fragen zuwenden können. Gesamtschulen haben sich dem gegliederten Schulwesen gegenüber nicht als überlegen erwiesen. Das ideologische Konzept des Einheitsmenschen in der integrierten Gesamtschule ist zusammengebrochen. Im »bildungssozialistischen Musterland« der 70er Jahre Hessen beantragen fortschrittliche Schulen heute die Auflösung der Förderstufe zugunsten schulformbezogener Eingangsklassen und die Umwidmung von Gesamtschulen in Schulzentren.

Deshalb kann jetzt die Frage der Qualitätssicherung endlich wirklich im Vordergrund stehen. Nun ist es die unsere Zukunft entscheidende Frage, wie wir ein Bildungssystem organisieren, das aus sich selbst heraus in der Lage ist, Höchstleistungen in der Ausbildung der jeweils nächsten Generation zu erbringen.

Kernelemente eines solchen Bildungssystems der Zukunft müssen

- Transparenz der Leistungsfähigkeit der einzelnen Schulen und der unterschiedlichen Landes-Schulpolitiken,
- Verbindlichkeit der durch die Schulen zu erreichenden Ziele und
- Eigenverantwortlichkeit der Schulen im Wettbewerb zur bestmöglichen Erreichung der vorgegebenen Ziele sein.

Wie sich der Wettbewerbsgedanke auf den deutschen Bildungsföderalismus auswirken wird, läßt sich nicht so ohne weiteres vorhersagen. Unter den Bedingungen eingeschränkter Mobilität, begrenzter Wahlmöglichkeit und unzulänglicher Qualitätstransparenz kann kaum die Rede davon sein, daß die Entscheidungen von Eltern und Schülern für bestimmte Schulformen – in der Regel nicht an einem Ort – die tatsächlichen Präferenzen widerspiegelten. Insofern haben es einzelne Bundesländer nicht leicht, mit anderen mitzuhalten; genauer gesagt, die Bürger können die Nachteile bestimmter Regionen oder Länder für ihre Kinder kaum vermeiden. Von Wettbewerbsnotwendigkeiten darf man also derzeit gar nicht sprechen: Kein Bundesland muß sein Schulsystem direkt an denen anderer Länder messen. Und wenn in Bayern oder anderswo bremische Abschlüsse mit Skepsis betrachtet werden, wird dies von den Betroffenen eher auf das Konto bildungsideologischer Auseinandersetzungen verbucht, denn als Konsequenz der Entscheidung für ein weniger leistungsfähiges Bildungssystem verstanden.

Die Aufgabe aller Länder mit ihrer Zuständigkeit für die Kultur- und Bildungspolitik ist es, kurzfristig sicherzustellen, daß in jedem Bundesland nach eigenen Maßstäben ein ausreichend hohes Leistungsniveau erreicht wird. Die hessischen Schulabschlüsse sind an ausländischen Hochschulen in den vergangenen Jahren mit einem Malus bedacht worden, weil außergewöhnlich gute Noten bestenfalls durchschnittlichen schulischen Leistungen gegenüberstanden. Wir erleben heute, daß Studenten oder Schulabgänger aus Hessen bei Unternehmen, die bundeseinheitliche Tests durchführen, oder an Hochschulen, die Eingangsprüfungen abhalten, gegenüber Studenten aus Ländern wie Bayern und Baden-Württemberg häufig das Nachsehen haben. Die Erfahrungen, die viele Eltern beim Umzug von Süddeutschland nach Hessen oder umgekehrt gemacht haben, sprechen dafür, daß das Leistungsniveau der hessischen Schüler inzwischen geringer ist.

Wenn die Eltern auch nur begrenzte Schlußfolgerungen aus der Offenlegung bundesweiter Vergleichsdaten ziehen können – schon die Entscheidung für einen bestimmten Schultyp in einer bestimmten Stadt ist ein erhebliches Stück Freiheit –, wäre doch zu hoffen, daß Minderleistungen in einer Stadt, einem Regierungsbezirk oder einem Bundesland politischen Druck auf die Verantwortlichen erzeugen. Voraussetzung dafür wäre nicht etwa eine Beschränkung des Bildungsföderalismus, die nur mit dem Aufbau einer Bundeskultusbürokratie einhergehen könnte, sondern mehr Transparenz hinsichtlich der spezifischen Leistungsmerkmale der verschiedenen Schultypen in den einzelnen Bundesländern, mit anderen Worten ein Abbau ideologischer Verwerfungen.

Voraussetzung dafür, mittelfristig solche Vergleichbarkeit herstellen zu können, ist ein realistischer und auf Dauer angelegter Leistungsvergleich zwischen den Schulen. In einem Bundesland wie Hessen ist folgendes Verfahren denkbar: Man macht alle zwei Jahre einen landesübergreifenden Test mit der 7. oder der 8. Klasse. Zwei Fächer wie Mathematik und Deutsch würden bereits einen recht guten Einblick ermöglichen. Die Ergebnisse würden dann als Leistung einer Schule im ganzen gewertet, wobei die Schulen sich dem Vergleich auch öffentlich stellen müßten. Die Resultate könnten beispielsweise im Amtsblatt veröffentlicht werden. Und ganz gewiß würde die lokale Presse nicht versäumen, über diese Prüfungen zu berichten. Eltern, Schüler und Lehrer müßten eigentlich ein identisches Interesse daran haben, eine Kontrollmöglichkeit über ihren Leistungsstand als Lehrende und Lernende zu erhalten.

Ein solches leistungsorientiertes System wird das Klima in den Schulen – und nicht nur dort – verändern. Mit einem Mal wird klar werden, daß

Kinder überall im Land die gleiche Chance bekommen müssen, Eingangstests von Universitäten, Eignungstests von Unternehmen oder von Verbänden wie den Innungen zu bestehen, egal an welcher Schule die Kinder waren. Davon kann heute kaum die Rede sein. Nur durch ein zentrales Prüfungssystem und ständige Qualitätskontrolle bekommen wir auch ein modernes und leistungsorientiertes Bildungssystem.

Natürlich können diese Vergleiche nicht in der Beliebigkeit stattfinden. Es bedarf klarer Zielvorgaben des Staates, welches Wissen und Können ein durchschnittlicher Schüler am Ende der von ihm besuchten Schulform mitnehmen soll. Die bereits erwähnten Tests prüfen dies anhand der verbindlichen Lernziele im Verlauf der Schulzeit. Notwendig ist jedoch auch, durch verbindliche Abschlüsse tatsächlich erreichte Leistungsstände am Ende der Schulzeit einigermaßen objektiv festzuhalten.

Dazu bedarf es der Entwicklung einheitlicher Bildungsabschlüsse und zwar nicht nur in Form eines Zentralabiturs. Die Abschlüsse müssen landesweit bis hin zur Hauptschule vergleichbar sein. In Deutschland gibt es heute in etwa der Hälfte der Bundesländer eine einheitliche Reifeprüfung, und dabei handelt es sich eher um die Länder mit besseren Bildungsergebnissen. In der Mittelstufe sind vereinheitlichte Abschlüsse schon seltener, es gibt sie zum Beispiel in Schleswig-Holstein. Auf der Ebene der Hauptschule herrscht hier das Vakuum.

Gute Gründe sprechen dafür, der Hauptschule besondere Aufmerksamkeit und Unterstützung zuteil werden zu lassen. Sie hat unter der Bildungsinflation der 70er Jahre am meisten gelitten. Das böse Wort von der Hauptschule als Restschule impliziert, daß es sich bei den Schülern dort auch um eine Art gesellschaftlichen Rest handelte. Dies ist eine negative Entwicklungsperspektive, die wir nicht verantworten können. Auch deshalb sollte die Veränderung des Schulsystems mit der Einführung eines einheitlichen Hauptschulabschlusses beginnen, der eine gesellschaftspolitische Dimension hätte: Es ist durchaus vorstellbar, die Industrie- und Handelskammern sowie die Handwerkskammern an einem Tisch mit der Schulverwaltung, auch mit Vertretern der Kultusbürokratie, zusammenzubringen. In diesem Kreis wäre dann zu beschreiben, was ein durchschnittlich guter

Hauptschüler wissen und können muß, damit sein Zeugnis auch eine Garantie für den Handwerker oder Unternehmer ist, der ihm einen Ausbildungsplatz anbietet. Arbeitgeber klagen immer häufiger über schlechter werdende Voraussetzungen bei den Azubis. Dies geht derzeit weitestgehend zu Lasten der Hauptschüler.

Wenn diese Vorleistung erbracht worden ist, müssen die Arbeitgeber als Vertreter der Wirtschaft auch eine aus der Sicht des Staates notwendige Gegenleistung erbringen: Sie müssen an einer Verabredung mitwirken, daß Hauptschüler bei bestimmten Berufsbildern, die für sie besonders geeignet sind, auch bevorzugt behandelt werden und nicht immer wieder von Realschülern oder gar Gymnasiasten aus dem Wettbewerb herausgedrängt werden.

Wenn wir in Deutschland ein gegliedertes Schulwesen erhalten wollen, müssen wir dafür sorgen, daß sich aus jeder Schulform heraus eine Lebensperspektive für die dort ausgebildeten jungen Menschen entfaltet. Die Hauptschule läuft jedoch inzwischen die Gefahr, immer stärker abgewertet zu werden. Die Leistungsfähigkeit von Schulsystemen darf sich aber nicht auf die »akademischen« Bereiche beschränken. Gerade auf dem Sektor geringer qualifizierter Tätigkeiten haben wir uns den letztlich unverantwortlichen Luxus geleistet, daß das Schulsystem nur noch pro forma Abschlüsse erteilt und alle Beteiligten mit Verachtung über die Hauptschule und ihre Abschlüsse sprechen. Am schlimmsten: 10 bis 15 Prozent der Schüler bleiben auf der Strecke, weil sie mit diesem Abgangszeugnis keine eigenständige Berufs- und Lebensperspektive entwickeln können. Die Folge sind frustrierte Eltern und Kinder und frustrierte Lehrer, die in diesem »Restsystem« ihre Arbeit tun müssen. Wo Frustrationen vorherrschen, kann man keine hoffnungsvollen Ergebnisse erwarten.

Dieses Schulsystem der Zukunft auf der Basis von Wettbewerb und Verbindlichkeit mag manchem als gewagt vorkommen, es ermöglicht jedoch einen Blick über den Zaun und mitunter neue Einsichten – und sei es nur die, daß Strukturen, die man im eigenen Land als unabänderlich beklagt, andernorts ohne besondere Probleme innoviert worden sind.[3] Und manches, was bei uns als unvorstellbar gilt, ist in anderen Ländern reibungslos funktionierender Bestandteil von Schulpraxis und Kultusverwaltung. Gewissermaßen vor der Haustür erleben wir in den letzten Jahren einen Ansatz zur Bildungs- und Schulreform, der bei uns von manchen Vertretern der Kultusbürokratie falsch verstanden worden zu sein scheint. Die Rede ist von den Niederlanden mit ihrem Projekt zur schulischen Innovation, das den einzelnen Schulen erhebliche Freiräume einräumt. Dabei geht es um das auch bei uns vielzitierte eigene Profil. Und es geht darum, daß die niederländischen Schulen frei sind, Tempo und einzelne Entwicklungsschritte der Schulreform selbst zu bestimmen – wohlgemerkt jedoch nur während einer ersten Eingewöhnungsphase. Später erwartet der Staat von allen Schulen, daß sie mit erheblichem Engagement die vorgegebenen Ziele erreichen. Auch sind in dem niederländischen Modell – mit den Worten des niederländischen Bildungsberaters Theo Liket – Freiheit und Verantwortung untrennbar miteinander verbunden. Die Schulen, die bislang von den neuen Freiheiten wie eigener Profilwahl, Budgethoheit und Selbständigkeit des Schulmanagements Gebrauch gemacht haben, sind im Gegenzug wie ein Profit-Center in einem Großunternehmen zur genauen Rechenschaftslegung und zur Leistungskontrolle verpflichtet. Zentrale Prüfungen auf Landesebene mit allgemeiner Publizierung der Ergebnisse unterstützen dieses System der Leistungskontrolle, die sowohl die Schüler als auch Schule und Lehrer erfaßt. Kür und Pflicht bedingen hier einander. Das Prinzip funktioniert, wenn die Schulaufsicht als Instrument der Qualitätssicherung funktioniert, wie immer man sie benennen und organisieren mag.

Es gibt zur Realisierung dieses Reformkonzeptes eine Reihe sehr handfester und dringlicher Reformnotwendigkeiten, angefangen bei der schon bereits angesprochenen stärkeren Leistungsorientierung über die Quantität des tatsächlich erteilten Unterrichts bis hin zu Fragen von Unterrichtsinhalten und der Rückbesinnung auf einen sachunabhängigen Erziehungsauftrag der Schule.

Das ist Stoff genug. Ein Schüler zum Beispiel, der in Sachsen oder Bayern zur Schule geht, hat 1000 Unterrichtsstunden mehr bekommen als ein hessischer Schüler, falls er die Schule bis zum Abitur besucht. Wenn wir nicht davon ausgehen wollen, Unterricht sei per se unsinnig, dann müssen

1000 Stunden mehr einem Schüler eine höhere Qualifikationschance verschaffen und bei einem Test an der Universität oder in einem Unternehmen diesem Absolventen bessere Karten geben als jemandem, bei dem diese 1000 Stunden ausgefallen sind.

Im Bundesland Hessen ist unterdessen die Lage so ernst geworden, daß wir gezwungen sind, eine regelrechte Unterrichtsgarantie einzufordern. Trotz erheblicher Erhöhung des Unterrichtsdeputats für Lehrkräfte wird auf der Grundlage der Personalzuweisungen des Kultusministers im Schuljahr 1998/99 durch geplante Kürzungen in der 5. Klasse des durchschnittlichen Gymnasiums jede sechste Unterrichtsstunde ausfallen, in der 10. Klasse fast jede fünfte. Daß sich ein Schüler darüber zuerst noch freuen kann, verstehen jeder Vater und jede Mutter – sie selbst jubeln freilich nicht.

Der Begriff der Unterrichtsgarantie bringt dabei nicht nur eine neue, auch von CDU-Landesregierungen bisher nicht gesehene Dimension in die konkrete Schulpolitik. Zugleich wird nach meiner Überzeugung diese Entscheidung ein Standortfaktor schlechthin werden. Junge Arbeitnehmer haben in der Vergangenheit Hessen bei Versetzungen kritisch betrachtet, weil sie das bekannt schwache Schulsystem ihren Familien nicht zumuten wollten. Ich möchte erreichen, daß man sich um einen Arbeitsplatz gerade in Hessen bemüht, eben der Kinder und des garantierten Unterrichts wegen.

Wie hat eine solche Unterrichtsgarantie auszusehen, damit Eltern und Schulkinder am Ende nicht einen wertlosen Garantieschein in Händen halten, der sozusagen nicht abgestempelt ist? Diese Frage führt sofort in Kernbereiche einer pragmatisch an den Bedürfnissen der Schüler orientierten Bildungsreform.

Zuerst muß man sich darüber verständigen, daß die Vollversorgung mit Unterricht durch den Staat oberstes Gebot und erste Aufgabe ist. Dies hat unbedingte Priorität. In Deutschland ist diese Einsicht keineswegs selbstverständlich gegeben. Unterdessen wächst die Einsicht jedoch, weil wir feststellen, daß die Qualitätsdefizite in der deutschen Bildung zunehmen. Dies ist ein gravierender Unterschied zu früheren Jahren, in denen wir auch schon über Unterrichtsausfall zu klagen hatten. Daß wir in Mathematik auf Platz 23 in der Weltrangliste stehen, hängt weniger mit einer objektiven

Unwilligkeit von Lehrern und Schülern zusammen als vielmehr mit den Ausbildungsvoraussetzungen, die der Staat in Deutschland anbietet.

Unterrichtsgarantie gewinnt heute eine neue Bedeutung. In den kommenden Jahren werden die Bürger in demokratischen Wahlen durchsetzen, daß der Staat sich dieser Aufgabe nicht mehr entzieht, sondern ihr tatsächlich Priorität einräumt. Mit der Stundentafel hat die Kultusbürokratie ein Instrument an der Hand, das sehr aussagekräftig, ja geradezu verräterisch ist. Die Stundentafel gibt Auskunft darüber, welche Anzahl von Stunden die jeweilige Kultusbürokratie für nötig hält, damit ein durchschnittlicher Schüler in dem jeweiligen Schultyp zu einem durchschnittlichen Abschluß kommt.

So gesehen ist jede Stunde, die nicht erteilt wird, ein vorsätzliches Handeln des Staates mit der Folge, daß ein durchschnittlicher Schüler keinen durchschnittlichen Schulabschluß mehr erreichen kann. Da der Staat den Eltern die Aufgabe von Bildung und Ausbildung durch die allgemeine Schulpflicht abgenommen hat, ist er ihnen gegenüber auch eine Treueverpflichtung eingegangen. Den Schulbesuch von Kindern per Gesetz anzuordnen, ist nicht nur ein Recht, sondern beinhaltet auch eine Pflicht.

Die Debatte über die Stundenausfälle wird häufig zu technisch geführt. Es geht nicht ausschließlich darum, wie viele Stunden ausfallen. In Hessen ist die derzeitige Lage zum Beispiel so, daß an manchen Schulen von der 7. bis zur 8. Klasse kein Biologieunterricht erteilt wird, weil die Stunden dem Fach Physik vorbehalten sind. In anderen Fällen gibt es in den Klassen 5 bis 10 häufig nur während der Hälfte der Schuljahre Unterricht in Erdkunde, weil die Stunden dafür mit Fächern wie Sozialkunde verrechnet werden, aber nur in einem Fach Unterricht erteilt werden kann. Das sind die ganz praktischen Auswirkungen: Abgesehen von ausfallenden Stunden in Kernfächern wie Deutsch, Mathematik und einer Fremdsprache entstehen auch in anderen Fächern, die zur Bildung eines Menschen gehören, Defizite, die nie mehr wirklich wettgemacht werden können.

Die spannende Frage lautet natürlich, wie man die Lage verbessert. Ganz unbestreitbar ist eine gewaltige Kraftanstrengung des Staates vonnöten, um die Defizite in diesem Bereich schnell aufzuholen – schnell deshalb, weil es unverantwortlich wäre, einer ganzen Generation zuzurufen: »Haltet aus in eurer Leistungsschwäche, der nächsten Schülergeneration geht's sicher besser!«

Vor diesem Hintergrund müssen sich unsere Anstrengungen auf zwei verschiedene Ziele richten:

1. Wir müssen alle im System vorhandenen Ressourcen mobilisieren. Viele mögliche Annehmlichkeiten in der Schulorganisation müssen hintanstehen, weil es zuallererst darum geht, den Pflichtunterricht zu erteilen. Der hessische Kultusminister Holzapfel hat Anfang der 90er Jahre unter dem Stichwort »Schulen sollen ihr eigenes Profil gewinnen« den Satz geprägt, es sei gelegentlich besser, wenn die Kür vor der Pflicht komme. Dieser Grundsatz ist falsch: Es ist der oberste Primat, zunächst den Pflichtunterricht in vollem Umfang zu erteilen.

Danach muß die Schule darauf schauen, wie sie die übrigen Freiräume nutzt, um ein attraktives schulisches Leben rund um den Pflichtunterricht zu gestalten. Es kann nicht sein, daß in einem attraktiven Rahmen nur noch unzureichend Unterricht angeboten wird. Von den gut 43000 Lehrern in Hessen sind rund 7500 nicht im Pflichtunterricht engagiert. Diesen Zustand müssen wir ändern.

2. Während einer Übergangszeit – bedingt durch die Entwicklung der Bevölkerungspyramide – müssen wir für zusätzliche Kapazitäten sorgen. Das wird Geld kosten für Zeitverträge, zusätzliche Einstellungen und andere Instrumente. Diese Aufgabe ist von anderer Qualität als der Ausbau des Personals von Justiz und Sicherheitskräften, der auch notwendig ist. Bei begrenzten Ressourcen muß jedoch eine Priorität deutlich gemacht werden, nämlich die, daß unser Bildungssystem in den nächsten Jahren international leistungsfähig sein muß.

Konzentration der Ressourcen bedeutet auch, daß manche Dinge im Augenblick zurückstehen müssen, so attraktiv sie sein mögen. Ein konkretes Beispiel, wiederum aus Hessen: Um verläßliche Anfangs- und Endzeiten des Unterrichts in der Grundschule zu gewährleisten, gibt es schon seit einigen Jahren die Möglichkeit, daß Eltern und Gemeinden ein Betreuungsangebot zu Beginn und zu Ende der Schulzeit organisieren. Der hessische

Kultusminister hat daraus »Grundschulen mit festen Öffnungszeiten« gemacht. Das bedeutet: Diese Betreuung, die bisher ehrenamtlich von Eltern, von Honorarkräften und in einigen Fällen von Sozialarbeitern geleistet wurde, wird jetzt von ausgebildeten Lehrern während der Unterrichtszeit übernommen. Dadurch werden bis zu Beginn des nächsten Jahrtausends in diesem Bundesland 1600 Lehrer in Betreuungsarbeit gebunden, anstatt zu unterrichten. Das wird auf den ersten Blick manchen Eltern gefallen. In einer schulischen Krisenzeit Prioritäten zu setzen, heißt ganz klar, keine Lehrerstunden für Betreuung, solange der Pflichtunterricht nicht erteilt ist. Der Anspruch von Eltern auf berechenbare Schulzeiten ihrer Kinder wird weiterhin durch die bekannten Betreuungsangebote gewährleistet werden müssen.

Die vorübergehende Einstellung zusätzlicher Lehrer, die in manchen Fällen in eine dauerhafte Übernahme münden kann, wird auch ein sich abzeichnendes Problem entschärfen: Während zahlreiche Referendare keine Anstellung erhalten – und wie hat der Staat in der Vergangenheit immer wieder mit aller Überzeugungskunst für ein Lehramtsstudium geworben! –, überaltern die Lehrerkollegien. Welcher Vater oder welche Mutter kennt das nicht, daß man jünger als fast alle Lehrer seiner Kinder ist? Dieser Verlust pädagogischer Erfahrungen durch Abbruch der Überlieferung ist bedauerlich.

Natürlich wird eine Unterrichtsgarantie in Verbindung mit Kontrolle und Transparenz für jede einzelne Schule auf Dauer das spätsozialistische System der Lehrerzuweisung sprengen. So ist ein häufig zu hörender Einwand gegen den Leistungstest für Schulen, daß etwa ein sehr hoher Ausländeranteil doch von vornherein zum schlechteren Abschneiden der betroffenen Schule führen müsse. Diese These ist zynisch und falsch. Selbstverständlich muß die staatliche Schulaufsicht sicherstellen, daß jede konkrete Schule einem durchschnittlich begabten Schüler zu einem durchschnittlichen Schulabschluß führen kann. Eine Lehrerverteilung nach sturen Statistikmethoden wird dem nicht gerecht. Aber mit dem schulterzuckenden Hinweis, eine Schule mit vielen nichtdeutschen Kindern sei eben schlechter, erziehen wir ja geradezu das revolutionäre Potential von morgen. Auch bei der differenzierten Lehrerzuweisung werden also Leistungstests und Unterrichtsgarantie auf Dauer die richtige Wirkung entfalten.

Ein anderes Desiderat der Bildungspolitik liegt für mich in bestimmten Sachdefiziten des Unterrichts. Im Zuge der Bildungsreformen der 70er Jahre, die ja in der pädagogischen Praxis bis heute massiv nachwirken, ist der Erwerb von Sachwissen ebenso unter Verdacht gestellt worden wie die Einübung in die sogenannten Sekundärtugenden. Problemwissen und Hinterfragen wurden und werden favorisiert. Hier gilt eine Trendwende einzuleiten. Erst auf der Basis eines soliden Wissens kann ich Probleme erkennen und angebotene Lösungen kritisch betrachten.

In eine ähnliche Richtung geht die häufig gestellte Frage nach Umfang und Inhalt von Unterrichtsstoffen. Wer die Lernschule als Paukschule abqualifiziert, wird folgerichtig auch Lerninhalte als zweitrangig gegenüber dem von konkretem Stoff losgelösten Erwerb von sogenannten Schlüsselkompetenzen ansehen. An welchen Inhalten irgend etwas demonstriert wird, verfällt einer gewissen Beliebigkeit. Damit wird freilich nicht nur jedes kohärente und für das Verständnis der gesellschaftlichen, ökonomischen und physischen Umwelt relevante Wissen fragmentiert, es gibt auch keinen gemeinsamen Fundus an Wissen und Erfahrungen mehr, der einem größeren Teil jeder Schülergeneration gemeinsam wäre.

Wenn heute immer wieder Konzentration auf Wesentliches gefordert wird – und dahinter verbirgt sich oft das jeweils aktuellste Wissen –, gilt es, eine gewisse Skepsis zu üben. Gerade wenn man die sinkende Halbwertszeit unseres Wissens beklagt, macht es wenig Sinn, vorrangig der Aktualität und dem reinen Anwendungsbezug nachzujagen. Daneben muß auch gesagt werden: Wenn Entlastung und Konzentration schlichtweg den Verzicht auf Wissen bedeuten, sind wir auf einer schiefen Bahn. Je weniger man weiß, um so schwerer fällt es, die Notwendigkeit weiteren Lernens und die bestehenden Lücken in Wissen und Können zu erkennen. Damit fällt das Argument in sich zusammen, es genüge, die Techniken zum Erwerb von Wissen zu beherrschen, auf das tatsächliche Wissen komme es im Zeitalter der Datenbanken immer weniger an.

In dieser Hinsicht ist auch ein ganz konkretes, sachbezogenes Defizit im deutschen Bildungswesen anzumahnen: Wir sind dringend darauf angewiesen, nicht nur in Wissenschaft und Technologie Höchstleistungen zu erbringen, sondern auch auf breiter Front für diese Notwendigkeit Verständnis aufzubringen. Was wir jedoch in den letzten 20 Jahren erlebt haben, sind Technikfeindlichkeit und Skepsis gegenüber den Naturwissenschaften bei einer gleichzeitigen Überbetonung von Geistes- und Sozialwissenschaften. Gerade unter den studentischen Vertretern der letztgenannten Disziplinen galt es – und gilt wohl noch – geradezu als guter Ton, von anderen Bereichen nichts zu verstehen. Aus diesem Nichtkennen, auch Nichtkennenwollen, ist vieles an Innovationsangst und aktiver Abwehrhaltung der letzten Jahre entstanden. Für den inneren Zusammenhalt und den dauerhaften Erfolg einer auf Hochleistungen angewiesenen Gesellschaft kann eine Sprachlosigkeit zwischen wesentlichen Teilen ihrer Bildungseliten nur schädlich sein. Im übrigen gilt dies nicht nur für die Naturwissenschaften, sondern auch für den Erwerb konkreten Wissens in den Bereichen Wirtschaft und Staatskunde. Ohne solide Kenntnisse und ein Verständnis der Grundzusammenhänge kann man weder wirkliche Entscheidungen als Bürger einer Demokratie fällen noch ein selbständiger Wirtschaftsbürger werden.

Über all diesen Fragen darf nicht vergessen werden, daß Schule mehr ist als ein Ort, an dem Wissen und Fähigkeiten vermittelt werden. Niemandem kann es angesichts der langen Zeit, die unsere Kinder im Einflußbereich der Schule leben, gleichgültig sein, von welchen Werten und Einstellungen das Zusammensein von Lehrern und Schülern geprägt wird. Zugleich hieße es auch, eine wertvolle Chance zur Erziehung im Sinne einer Prägung des Individuums zu vergeben, wollte Schule nicht mehr sein als ein noch so anspruchsvolles Service-Center der Wissensvermittlung. Prägung des Individuums kann dabei nicht anders verstanden werden als im Sinne von Werten, die den Menschen auch gemeinschaftsfähig machen.

Die Pflege solcher Werte muß in der Schule beginnen, um so mehr, als es weniger Institutionen als früher gibt, die Werte vorleben. Die Notwendigkeit und die Beschreibung dieser Werte sind – wieder – zum Gegenstand von Erziehung und Bildung zu machen. Daß wir keine bestimmte Wertordnung quasi per Gesetz verbindlich machen wollen, heißt nicht, in der Schule nicht die Einsicht zu vermitteln zu suchen, daß auf Dauer nur eine dezidierte Wertorientierung den Fortbestand einer freiheitlichen Gesellschaft ermöglicht.

Diesen Aufgaben haben sich viele Lehrer an deutschen Schulen nach der 68er Zeit entzogen. Das zeigt sich heute in vielen Facetten, auch ganz praktischer Art. An den hessischen Schulen wurden den Lehrern nahezu alle Ordnungsmittel geraubt. Der Eintrag ins Klassenbuch, den eine frühere Schülergeneration als harmlose, aber wirksame Sanktion wahrnahm, ist heute aus Datenschutzgründen verboten. Einen Schüler nachsitzen zu lassen, ist heute ein Verwaltungsakt, der einer vorherigen Ankündigung an die Erziehungsberechtigten bedarf, von weiteren Ordnungsmaßnahmen ganz zu schweigen. Das führt schließlich dazu, daß Lehrer, die Regelverletzungen erkennen, sich vor der Konfrontation damit scheuen. Die Auffassung mancher Lehrer, zur Neutralität in Sachen Werte verpflichtet zu sein, endet damit, daß sie sich nicht mehr moralisch-werbend mit den Verhaltensweisen der Schüler auseinandersetzen. Auch mit Sanktionen können sie nicht eingreifen, weil ihnen dazu die Mittel fehlen.

Das hat dann auch Rückwirkungen auf die Eltern. Man kann der Auffassung sein, Erziehung sei zuallererst eine Aufgabe des Elternhauses. Es ist kein Zweifel, daß heute dort erhebliche Defizite bestehen, doch reicht es nicht aus, nur zu sagen, die Schule, das Elternhaus oder die Gesellschaft könnten nicht jeweils alles wiedergutmachen, was die anderen Instanzen versäumt oder falsch gemacht haben. Wir müssen eine Entscheidung treffen, wie der Staat reagieren soll. Grundsätzlich stehen zwei Optionen offen: Passivität mit dem Verweis auf die elterliche Passivität oder das Setzen eines deutlichen Signals, damit die Eltern merken, daß ihre Kinder ihre schulische Zukunft nicht nur durch mangelhafte Leistungen, sondern auch durch gemeinschaftswidrige Verhaltensweisen auf Spiel setzen können. Von daher, so steht zu hoffen, könnten die Eltern selbst einen Ansporn erhalten, sich persönlich mehr zu engagieren und auf das Verhalten ihrer Kinder innerhalb wie außerhalb der Schule einzuwirken. Wenn es der Schule gelingt, den für unsere Gesellschaft unverzichtbaren Zusammenhang komplementärer

Werte wie Freiheit und Selbstdisziplin klarzumachen und diese auch praktisch zu leben, verdient sie sich unseren Dank.

Aber nicht nur die Schulen, sondern auch die Hochschulen in unserem Land müssen dringend wettbewerbsfähig werden. Dazu bedürfen sie einer Reform, die in die Zukunft weist und die sie in die Lage versetzt, ihre Aufgaben ohne falsche Rücksichtnahme auf überkommene Strukturen zu erfüllen. Die Probleme sind bekannt: Unterfinanzierung, Überbürokratisierung, überlange Studienzeiten, überholte Ausbildungsinhalte, -ziele und -formen, eine hohe Zahl von Studienabbrechern ohne qualifizierten Abschluß, eine dramatische Verschlechterung der Grundlagenforschung sowohl qualitativ als auch quantitativ. Dies sind nur einige unvollständige Beispiele für die unabdingbare Konsequenz aus einer grundsätzlich unzureichenden Auslegung unseres Hochschulwesens.

Deshalb benötigen wir möglichst rasch eine Änderung, die an den Grundlagen ansetzt; dazu müssen die Beziehung zwischen Staat und Hochschulen auf eine neue Basis gestellt und die internen Beziehungen in den Hochschulen neu strukturiert werden. Nur dann können die Hochschulen ihr Potential in Forschung, Lehre und Weiterbildung ausschöpfen.

Dreh- und Angelpunkt einer durchgreifenden Reform ist das Ausmaß an Eigenverantwortung, das den Hochschulen insgesamt und ihren einzelnen Gliederungen zugestanden wird. Nur eine autonome Hochschule wird die Kreativität, den Schwung und die Verantwortungsbereitschaft freisetzen, die notwendig sind, um unter den herrschenden fiskalischen Zwängen die Krise zu überwinden und die Leistung in Forschung und Lehre zu erbringen, auf die unsere Gesellschaft ein Anrecht hat – und die sie braucht, um auch künftig im internationalen Wettbewerb des Geistes und der Wirtschaft bestehen zu können.

Zum Grundprinzip der Autonomie gehören unauflöslich die Freiheit der Hochschulen in Forschung und Lehre, aber auch eine weiter als bisher gehende Freiheit der Hochschulen bei der Verwendung der staatlichen und selbsteingeworbenen Mittel, bei der Auswahl bzw. Zulassung der Lehrenden und der Studierenden, bei der Gestaltung der Studiengänge und der Entwicklung eines eigenen Profils.

Abgesichert werden muß dies alles durch ein System von externer Rechenschaftslegung und internem Controlling, das den Hochschulen ermöglicht, ihre Autonomie verantwortungsvoll zu nutzen und ihr Potential voll zum Tragen zu bringen. Wenn eine solche Grundstruktur gegeben ist, werden viele Einzelvorschriften, wie sie heute noch die deutschen Hochschulgesetze enthalten, überflüssig. Die Hochschulen werden ein hohes Maß an Eigeninteresse entwickeln, daß Professoren und Assistenten ihre Aufgaben in Lehre und Forschung und damit ihre Verantwortung gegenüber den Studenten und gegenüber der Gesellschaft ernst nehmen – es braucht kein Gesetz, mit dem zusätzliche Mentorentätigkeit, kontinuierliche Evaluierung der Lehre oder die Entwicklung von Studiengängen mit internationalem Partnerhochschulen verordnet werden, denn innovative, im Wettbewerb stehende Hochschulen werden solche Verbesserungen – vielleicht anfangs notgedrungen, später aus eigenem Interesse – zum selbstverständlichen Qualitätsmerkmal erheben.

Wenn dann noch die Studierenden ihre Hochschule selbst auswählen können – und wenn die finanziellen Zuschüsse des Staates durch eine besondere Gewichtung unter anderem an die Zahl der Studierenden, die Zahl der Abschlüsse in der Regelstudienzeit und den erfolgreichen Start ins Berufsleben geknüpft werden –, sollte das für die Hochschule Anreiz genug sein, um den Anforderungen der Studenten an eine Ausbildung, die ihnen den späteren Start ins Berufsleben erleichtert, Rechnung zu tragen. Andererseits werden die Studenten zu ergebnisorientiertem Lernen angehalten, wenn die Hochschulen ein weitgehendes Mitspracherecht bei der Auswahl der Studierenden erhalten und hohe Leistungen Voraussetzung für den Zugang zu gefragten Plätzen sind. Die Einführung von Studiengebühren in Verbindung mit einer BAFöG-Reform und einer gut ausgebauten Förderung qualifizierter Studentinnen und Studenten würde deren Position stärken, die Bringschuld der Hochschulen verdeutlichen und als Nebeneffekt die Studiendauer verkürzen.

Den strukturellen Rahmen für die Lehrtätigkeit und das Studium sollten quantitative und qualitative Zielvereinbarungen bilden, die die Hochschulen erarbeiten und mit einem eigenen Aufsichts- und Beratungsgremium abstimmen. Dieses Gremium soll ein Hochschulrat sein, in dem die Politik nur *neben* fachlich qualifizierten Experten aus Wissenschaft, Wirtschaft und Kultur vertreten ist. Im Rahmen dieser Zielvereinbarungen müssen die Probleme der heutigen Massenstudienfächer und der personellen Ausstattung geklärt werde; auch die Festlegung von Bedingungen und Voraussetzungen einer staatlichen Grundfinanzierung, die eine längere Planungssicherheit ermöglicht, gehören hierher. Nur eine grundlegende Neuorientierung hin zu autonomen Hochschulen und ergebnisorientierten Organisationen kann den deutschen Hochschulen den Weg in die Zukunft weisen und sie gegenüber europäischen wie internationalen Hochschulen wieder wettbewerbsfähig machen.

1 TIMSS, Mathematisch-naturwissenschaftlicher Unterricht im internationalen Vergleich. Zusammenfassung deskriptiver Ergebnisse, Berlin 1997.

2 Vgl. dazu z. B. N. Hummel und M. Berger, Die volkswirtschaftliche Bedeutung von Kunst und Kultur, Gutachten im Auftrag des Bundesministeriums des Innern, Schriftenreihe des ifo Instituts für Wirtschaftsforschung Nr. 122, München/Berlin 1988.

3 Zu diesem Themenkomplex lohnt die Lektüre der Recherchen einer großen deutschen Stiftung: Bertelsmann Stiftung (Hg.), Innovative Schulsysteme im internationalen Vergleich, 2 Bde., Gütersloh 1996–1998.

Mit starker Hand gegen die Feinde der Freiheit

1997 wurden in Deutschland 6586165 Straftaten festgestellt, das sind 0,9 Prozent weniger als im Jahr zuvor. Zu Recht lautet der Kommentar dazu: »Kein Grund zur Erleichterung.«[1] Die Innere Sicherheit in Deutschland ist auf eine abschüssige Bahn geraten. Schuld daran sind beileibe nicht die unzähligen Polizisten und Justizvollzugsbeamten, die immer wieder Gesundheit und Leben einsetzen. Im Gegenteil: Ihre Arbeit ist beeindruckend und verdient die uneingeschränkte Anerkennung durch den Bürger. Selbst stagnierende Aufklärungsquoten bedeuten bei steigenden Kriminalitätsraten erheblich mehr gelöste Fälle in absoluten Zahlen.

Steigende Kriminalitätszahlen scheinen ein Zeichen moderner Gesellschaften zu sein. Sind sie aber auch Schicksal, das wir folglich als unabänderlich hinnehmen müßten? Über eine zunehmende Bedrohung, genauer gesagt über ein Gefühl stärkerer Bedrohung, klagen viele Bürger. Doch im Vergleich zu dieser Grundstimmung ist der öffentliche Dialog über Innere Sicherheit in unserem Land bei weitem nicht genug entwickelt.

Woran liegt das? Innere Sicherheit läßt sich vom konkreten Gehalt her ganz eindeutig definieren – auch wenn es verschiedene Ansätze für eine Definition je nach ihrer Zielrichtung gibt – und zwar als Verbrechensvorbeugung durch sozialpolitische und kriminalstrategische Maßnahmen, Verfolgung von Straftaten und Ordnungswidrigkeiten sowie die Abwehr von Störungen anderer Art, Aufrechterhaltung der öffentlichen Ordnung und Schutz unserer demokratischen Ordnung. In einer allgemeineren Betrachtungsweise ergibt sich Innere Sicherheit als Inbegriff eines positiv befriedeten Zustandes von Staat und Gesellschaft, in dem es zu einer allgemein befriedigenden Balance gegensätzlicher Kräfte und Ziele kommt, etwa von Staat und Gesellschaft, individueller Freiheit und sozialer Gebundenheit, Herrschaft und Selbstverwirklichung.[2]

Grundlegend sind zwei Erkenntnisse: Innere Sicherheit wird als Ordnungsprinzip und Fluchtpunkt gesellschaftlicher Entwicklung durch den Staat garantiert. Innere Sicherheit und Freiheit gehören untrennbar zusammen, im Sinne der Erkenntnis von Wilhelm von Humboldt: »Nur Sicherheit garantiert Freiheit.« Der Bürger soll sich sicher fühlen können und es auch sein. Wer bestimmte Stadtviertel und Orte meiden muß, wer sich zu bestimmten Tageszeiten nicht mehr auf die Straße traut, wer sich zu Hause zu ausgeklügelten Vorbeugungsmaßnahmen gezwungen sieht, ist nicht wirklich frei.

Innere Sicherheit bekommt im Kontext unserer schnellebigen Welt eine zusätzliche Dimension. Während in den neu erkämpften Wohlstandszeiten der 70er Jahre die Selbstsicherheit der meisten Bürger groß genug war, daß sie »Freiheit vom Staat« verlangten, ist in der rasenden Veränderung der 90er Jahre die Unsicherheit so groß, daß viele Bürger »Freiheit durch den Staat« fordern. In diesem Buch ist viel von den Grenzen der Möglichkeiten des Staats die Rede. Diese neue Eigenverantwortung in einer immer schnelleren und komplizierteren Welt ist für die meisten Bürger unheimlich genug. Um so mehr verlangen sie vom Staat »wenigstens« seine Leistungsfähigkeit dort, wo er unbestritten unersetzlich ist. Sicherheit in der Wohnung, sicher durch die Stadt zu gehen, die Kinder sicher in der Disco zu wissen, Sicherheit vor ausländischen Berufskriminellen, das sind allzu verständliche Mindestanforderungen an den Staat. Gerade wenn alles unberechenbarer wird, muß die Berechenbarkeit der Sicherheit Priorität bekommen. Nur so kann man die zunehmende gesellschaftliche Bedeutung der Fragen der Inneren Sicherheit letztlich verstehen.

Zugleich ist Innere Sicherheit ein ungeliebtes Thema. Wer darüber spricht, ist in Deutschland der Verteufelung als »law and order«-Prediger gewiß. Und das ist in unserer deutschen Kulturvariante der politischen Korrektheit lange Zeit ein Verdammungsurteil gewesen.

Kriminalität in Deutschland wandelt sich qualitativ und quantitativ: Der Anteil von Gewaltverbrechen an den Straftaten insgesamt nimmt wieder zu; neue Altersgruppen treten in die kriminelle Szene ein, beginnend mit der Bedrohung und Beraubung von Mitschülern; die Öffnung der Grenzen innerhalb der Europäischen Union und der Zustrom von Menschen mit sehr eingeschränkter Gesetzestreue aus anderen Teilen Europas oder angrenzenden Weltteilen stellt Sicherheitspolitiker und Polizei vor ganz neue Herausforderungen.

Die Polizei ist diesen Aufgaben in den einzelnen Bundesländern höchst unterschiedlich gut gewachsen. Das liegt nicht an den Beamten, sondern an den Rahmenbedingungen, die ihnen Staat und Gesellschaft setzen – in Form von Ausstattung, immaterieller Unterstützung, Bestrafung der Täter und des Verhaltens der Öffentlichkeit ganz allgemein. Konkret politisch gesagt: Da die Polizeiarbeit in der Zuständigkeit der Landesregierungen liegt, tragen diese auch weitgehend die direkte Verantwortlichkeit für die Innere Sicherheit in ihrem Bundesland. Diese Verantwortlichkeit wird durchaus unterschiedlich wahrgenommen: In den Großstädten München und Stuttgart beträgt die sogenannte Kriminalitätsbelastung 9261 bzw. 9421 Straftaten auf 100 000 Einwohner. Der Frankfurter Bürger ist mit 19 602 Straftaten im Vergleich dazu doppelt so hoch belastet. Hinzu kommt eine schlechtere Aufklärungsquote: 44 Prozent in Hessen gegenüber 64 Prozent in Bayern und 54 Prozent in Baden-Württemberg.

Wie sieht indes die Lage, bezogen auf die alte Bundesrepublik, im ganzen aus? Von 1964 bis 1990 veränderte sich die sogenannte Häufigkeitszahl, also die Zahl der Delikte auf 100 000 Einwohner, bei den verschiedenen Arten von Straftaten folgendermaßen: Eine spürbare Abnahme gab es bei schweren Sexualdelikten und nur dort. Ansonsten nahm die Kriminalität stark bis explosionsartig zu, etwa bei Tötungsdelikten oder bei schwerem Diebstahl (von 571 auf 2465). Völlig aus der Reihe fielen Rauschgift- und Umweltkriminalität, letztere vielleicht auch wegen der Entwicklung, Umweltbeschädigung als Straftatbestand stärker zu erfassen. Das Gesamtergebnis war ein Anstieg der Kriminalität um etwa 130 Prozent. Das Risiko des Bürgers, innerhalb eines gegebenen Zeitraumes Opfer einer Straftat zu werden, hatte sich von 1:33 auf 1:14 verschlechtert.

In etwa dem gleichen Zeitraum, nämlich von 1965 bis 1990, sank die Aufklärungsquote leicht bis signifikant, am stärksten bei schwerem Diebstahl und Wohnungseinbruch. Bei einfachem Diebstahl verbesserte sie sich erheblich, nämlich um fast 50 Prozent. Die anhaltend hohe Quote bei schweren Gewalttaten und Quotenverschlechterungen bei anderen Delikten zeigen das Dilemma polizeilicher Ermittlungsarbeit, die mit beschränkten Ressourcen Prioritäten setzen muß. Die zentrale Frage muß für uns lauten, ob die Ausstattung von Polizei und Justiz mit der Entwicklung der Kriminalität Schritt gehalten hat.

Immerhin war der Einsatz der Polizei nicht vergeblich: Bei einer Zunahme von Tötungsdelikten um 50 Prozent bedeutet der leichte Rückgang bei den aufgeklärten Fällen um etwa 2 Prozent eine erhebliche Mehrleistung, nämlich ebenfalls von fast 50 Prozent. Die Masse der Straftaten indes betrifft Körperverletzung, Raub, Diebstahl und Einbruch. Und sie sind es, die den Bürger durch ihre Allgegenwart verunsichern. Für sein Sicherheitsempfinden ist es entscheidend, welche Kriminalitätshäufigkeit er in seinen gewohnten Alltagsumgebungen erlebt. Wenn es dann in bestimmten Regionen oder Bundesländern bekanntermaßen erhebliche Unterschiede im Risiko für Straftäter gibt, hat das eine Sogwirkung, die zu einem weiteren Anstieg der Straftaten und automatisch zu geringeren Erfolgen von Polizei und Justiz führt: Eine Aufwärtsspirale der Kriminalität entsteht, während das Vertrauen des Bürgers in die Leistungsfähigkeit des Staates sinkt. Man kann kaum erwarten, daß dies die Gesetzestreue des durchschnittlichen Bürgers stärkt.

Auch hier gilt es, den Wettbewerb der Länder zu fördern. Bessere Aufklärungsquoten sind Ansporn und Anklage für die Länder mit schlechteren Ergebnissen. Die im Wettbewerb Unterlegenen haben ihre Politik zu überprüfen. Und tatsächlich zeigt sich ja auch hier, daß die polizeilichen Erfolgszahlen etwas mit der politischen Zugehörigkeit der Länderregierungen zu tun haben. Kriminalität wird eben in rot-grünen Ländern weniger effektiv bekämpft, und die Chaostage von Hannover wären in Bayern undenkbar gewesen.

Um Kriminalität in allen ihren Erscheinungsformen und Nachwirkungen auf die Gesellschaft effizienter zu bekämpfen, bedarf es der Ursachenforschung. Naturgemäß fallen die Erklärungsmodelle sehr unterschiedlich aus, sie spiegeln den weltanschaulichen und politischen Dissens in Deutschland wider. Manche Positionen scheinen eher selbst zum Ursachenkomplex zu gehören, als das Phänomen Kriminalität zu erhellen.

Zwei Eckpositionen lassen sich jedoch unschwer unterscheiden: In bürgerlicher Sicht ist der Mensch für sein Handeln selbst verantwortlich, Entschuldungsgründe müssen sorgfältig auf ihre Stichhaltigkeit geprüft werden. Kriminalität ist von daher Zeichen einer Störung im Verhältnis des Täters zu den allgemein anzuerkennenden Werten des Gemeinwesens. Zu diesen gehören Respekt vor Eigentum, Würde und Leben des Mitmenschen, auch als Attribut von dessen Freiheit in der Gesellschaft. Auf die Frage nach den Ursachen für zunehmende Kriminalität wird eine mögliche Schwächung dieser Werthaltungen ihrerseits auf ihre Ursachen zu untersuchen sein.

Bei Rot-Grün erscheint der Täter häufig selbst als Opfer von ihm nicht zu verantwortender gesellschaftlicher Zustände. Eine sittliche Pflicht und ein persönliches Potential des Individuums, sich auch unter widrigen Gegebenheiten gesetzestreu zu verhalten, scheinen eher nicht gegeben oder gefordert zu sein. Eine Zunahme von Kriminalität deutet in diesem Weltbild auf eine Verschlechterung der gesellschaftlichen Bedingungen hin, polemisch etwa als »soziale Kälte« oder »Zwei-Drittel-Gesellschaft« apostrophiert. In der Skala der Werte rangiert dabei der Schutz von Eigentum und öffentlicher Ordnung oft ziemlich niedrig, Verständnis für den Täter und Bewahrung seiner Rechte dagegen durchaus hoch.

Es liegt offen zutage, daß eine derartige Verkehrung von Werten und Rangfolgen selbst mitursächlich für Kriminalität – oder zumindest für ihre Duldung – werden kann. Natürlich hat auch der Straftäter Rechte, aber nicht grundsätzlich mehr als der unbescholtene Bürger. Ein Recht hat er auf jeden Fall, in seinem eigenen und in unser aller Interesse: Das Recht auf ein deutliches Signal dafür, daß er sich auf einem Abweg befindet. Dies gilt gerade für junge Menschen, die wir von einer möglichen Karriere als Kriminelle abhalten wollen. So gesehen ist es nicht ganz unrichtig, wenn mancher Bürger »der Gesellschaft« die Schuld an der Kriminalitätsentwicklung zuschreiben möchte, doch grundlegend anders, als eben die Gesellschaftskritiker es meinen. Falsch verstandene Toleranz führt tatsächlich zu einer Mitverantwortlichkeit.

Zu den Folgen der schleichenden Kulturrevolution seit 1968 gehört auch, daß gerade Begriffe wie Gesetz, Recht, Ordnung oder Bürger unter Generalverdacht gestellt wurden. Die Polemik um die Formel »law and order« zeigt dies ebenso wie die Vorstellung, daß vom gewissermaßen normalbürgerlichen Verhalten abweichende Subkulturen das eigentlich Gute darstellten. Bezeichnend war der auf Buttons und in Graffiti omnipräsente Slogan »Legal, illegal, scheißegal«. Mittlerweile ist das kulturrevolutionäre Gedankengut profaniert und in die Medienszene integriert worden: Schon zum Stereotyp ist die Vorlage für Filme und Romane geworden, in der hinter der Fassade – es handelt sich beim Bürger immer um eine Fassade! – von Wohlanständigkeit, Familienglück usw. Gemeinheit, Verbrechen und Laster lauern.

Wenn wir als eine Hauptaufgabe bei der Wahrung Innerer Sicherheit die Prävention ansehen, dürfen wir es weder bei der einleuchtenden, aber die Mechanismen nicht genügend erhellenden Erklärung von Wertverlusten bewenden lassen, noch gesellschaftliche Ursachen aus den Augen verlieren. Die letzte Kausalität wird uns vermutlich verborgen bleiben, was keinen Verzicht auf Ursachenforschung rechtfertigt. Die vorletzte Kausalität reicht auch schon hin, um uns zu beschäftigen. Kriminalität scheint sowohl unter den Vorzeichen ungünstiger sozialer Verhältnisse bei den Tätern als auch im Zeichen des Wohlstandes zu gedeihen. Nicht umsonst wird auch von Wohlstandsverwahrlosung gesprochen. Die erste deutsche Terroristengeneration stammte vorwiegend aus gutsituierten Häusern. Andererseits sind Arbeitslosigkeit, mangelhafte gesellschaftliche Integration und Perspektivlosigkeit ohne Zweifel keine gute Voraussetzung für ein gesetzestreues Leben.

Letztlich muß es uns in einer praktischen Politikperspektive auch nicht um eine definitive Klärung gehen, die nie abgeschlossen sein würde. Durchaus plausible und allgemein anerkannte Erklärungen für – steigende – Kriminalität wie »Nachlassen religiöser Überzeugungen«, »materialistische Lebenseinstellungen mit hohem Anspruchsdenken und wenig Gemeinschaftsbezogenheit« oder ein »subjektivistisches Rechtsbewußtsein« hinterlassen die neue Frage, wie es wiederum zu diesen Phänomenen kommt.[3] Wir brauchen hinsichtlich Prävention und Sanktion praxisrelevante Konzepte, die sich durchaus auf Wertvorstellungen stützen, und wir brauchen eine präzisere Vorstellung davon, wie sich Werte in der Alltagswelt transportieren lassen, in welcher Weise sie präventiv wirken oder ihr Fehlen kriminalitätsfördernd. Daß die Erscheinung Kriminalität sich jedesmal monokausalen Erklärungen vom Typ »Die Gesellschaft ist verantwortlich« widersetzt, macht schon von daher die Werte-Theorie plausibel. Wir werden indes noch lange Zeit Stück für Stück an einem öffentlichen Diskurs zur Kriminalität zu arbeiten haben, bevor die Folgen von »1968« überwunden sind.

Welche Gegenstrategien können wir ergreifen, um die zunehmende Gefährdung unserer Inneren Sicherheit abzuwehren? Wenn wir begreifen, daß es in dieser Auseinandersetzung zwischen Gesetz und Gesetzlosigkeit keine rein staatliche Sphäre und daneben einen rein privaten Raum gibt, ist schon viel gewonnen. Es gilt, zum einen Justiz und Polizei in ihrer Arbeit zu fördern und zum anderen die Bürger zu gemeinschaftlicher Selbsthilfe und Mitwirkung zu aktivieren. Damit werden dann auch Anstrengungen für einen Stimmungswechsel verbunden sein. In beiderlei Hinsicht kann christlich-demokratische Politik Richtungen weisen.

Zuallererst ist eine Forderung an den Staat zu stellen: Er hat konsequenter als bisher mit Prävention und Repression bzw. Sanktion auf Straftaten und Regelverstöße zu reagieren. Die aus den USA stammende »Broken window-Theorie« erweist sich hier als nützlich: Danach ziehen Verwahrlosung und Nichtbeachtung anfänglicher kleinerer Verstöße zunehmende Destruktivität und Kriminalität von höherem Gefährdungspotential nach sich. Experimente zeigten das in eindrucksvoller Weise: Ein in einer nicht allzu guten Wohngegend abgestelltes Auto blieb trotzdem tagelang unbehelligt. Als einer der an dem Versuch beteiligten Wissenschaftler das Fahrzeug beschädigte, war es binnen kurzem total ausgeschlachtet und zerstört. Sogar Familienväter mit ihren Kindern kamen, um Einzelteile zu demontieren.[4] Aber auch die Justiz muß in die Lage versetzt werden, empfindlich zu reagieren. Wenn die Angehörigen der Polizei immer wieder erleben, daß Straftäter erst einmal wieder auf freien Fuß gesetzt werden, wenn Straftäter dann als letztliche Sanktion immer häufiger erleben, daß zunehmend mildere Strafen verhängt werden, begeht der Staat einen schweren Fehler – fast ein Unrecht. Der Grundsatz des »principiis obsta« muß Vorrang haben. Dazu gehören schnelle eindeutige Reaktionen seitens der Gerichtsorgane. Zu Recht fordert der Bundesvorsitzende der Polizeigewerkschaft, die Strafe müsse – gerade bei möglicherweise jugendlichen Ersttätern – der Tat auf dem Fuße folgen. Beispielsweise hat die Potsdamer Justiz bereits in dieser Richtung die Initiative ergriffen. Dazu bedarf es im wesentlichen nur der Ausnutzung bereits gegebener juristischer Mittel wie etwa des verkürzten Verfahrens.

Für die Innere Sicherheit ist das wichtigste, ein für jeden Bürger, auch für den jungen Bürger, nachvollziehbares konsequentes Rechtssystem aufzubauen. Bislang fällt unsere Antwort auf regelwidriges Verhalten inkonsequent und langwierig aus. Ein junger Mensch, der einen Ladendiebstahl begeht, erlebt in der Regel folgende Konsequenzen: Zuerst werden seine Personalien aufgenommen, dann hört er längere Zeit nichts von der Angelegenheit. Nach einigen Monaten wird er informiert, daß das Verfahren, wenn es das erste Mal war, wegen geringer Schuld nach § 153 StPO eingestellt wurde. Das ist das Erlebnis eines jungen Menschen, wenn er das erste Mal ein Eigentumsdelikt begangen hat. Ein anderes Erlebnis wäre mit Sicherheit in der pädagogischen Wirkung erfolgreicher: Ein ertappter Ladendieb wird von der Polizei mitgenommen und einem Richter vorgeführt, der ihn noch am selben Tag verurteilen kann. Der Richter muß dabei nicht die volle Härte des Strafgesetzes walten lassen. Zwei bis drei Wochen Wochenendarbeit in einer gemeinnützigen Einrichtung reichen völlig aus. Der Jugendliche sollte auch von der Polizei nach Hause gebracht werden, so daß die Eltern und andere Beteiligte dies mitbekommen. Nach längerer Zeit hingegen nur ein Schreiben mit der Mitteilung zu erhalten, daß es keine Konsequenzen geben wird, wirkt sich desaströs auf die zukünftige Bereitschaft zur Gesetzestreue aus.

Im rot-grünen Hessen erleben Justiz und Polizei eine Blockade dieser Möglichkeiten. Polizeiarbeit ist Ländersache in dem Rahmen, den die Bundesgesetze uns lassen. Es gibt aber keinen Zweifel, daß in den letzten Jahren auf Bundesebene verschiedene Möglichkeiten durchgesetzt worden sind, die der Polizei und der Justiz in den Ländern ausreichenden Spielraum geben, so die Möglichkeit schnellerer Gerichtsverfahren. In Hessen wird diese Möglichkeit nicht einmal in einem Prozent der Fälle wahrgenommen. Eine andere Option gab es ebenfalls vor einigen Jahren noch nicht, nämlich die, Wiederholungstäter wegen Wiederholungsgefahr schneller in Untersuchungshaft zu bringen. Auch von dieser Möglichkeit wird wenig Gebrauch gemacht.

Ein grüner hessischer Justizminister hat Mitte der 90er Jahre im Gegenteil seine Staatsanwälte angewiesen, gegen Urteile, die ihnen zu mild erscheinen, weder Berufung noch Revision einzulegen. Die Situation in Hessen ist die, daß wesentlich mehr Menschen als anderswo, die zu Haftstrafen verurteilt worden sind, niemals richtig ihre Strafe antreten müssen, weil sie sofort als Freigänger oder in umgewandelte Bewährungsverfahren aufgenommen werden. In summa hat sich unter der rot-grünen Regierung der letzten Jahre eher ein Mitleid des Staates mit den Tätern als mit den Opfern eingestellt. Das merken die Polizeibeamten, das merken die Justizbediensteten in den Justizvollzugsanstalten und der Bürger. Was vielleicht das Schlimmste ist: Die Täter merken es auch, so daß alle Beteiligte ein Stück Respekt vor der Handlungsfähigkeit des Rechtsstaates verlieren.

Ein weiterer schwerer Fehler – und dieser betrifft nun die ganze Bundesrepublik – liegt in der Forderung der Grünen, die lebenslängliche Haftstrafe abzuschaffen. Eine andere Forderung der Grünen und der SPD, Delikte wie Ladendiebstahl oder leichtere Drogendelikte aus der Strafbarkeit herauszunehmen, führt dazu, daß sich die Statik unseres Strafsystems verändert. Alle unsere Strafzumessungen haben miteinander zu tun. Wer also dafür sorgt, daß ein Mord nicht mehr mit lebenslänglicher Haft bestraft wird, sondern nur mit einer begrenzten Anzahl von Jahren, muß einen Totschlag automatisch mit weniger Jahren bestrafen als bisher, um die Relationen zu wahren. Und wer dafür plädiert, daß der Ladendiebstahl nicht mehr unter das Strafgesetzbuch fällt, der sorgt dafür, daß der normale Diebstahl milder bestraft wird als bisher, weil er damit die unterste Kategorie ist. Damit setzt eine Abwärtsspirale staatlicher Handlungsfähigkeit ein. Diese Veränderung der Statik bedeutet letztlich eine Tendenz, alle Straftaten geringer als vorher zu sanktionieren. Die Prävention von Verbrechen verliert damit an Kraft. Dadurch erodiert die Fähigkeit eines Staates, stark und prinzipientreu zu handeln.

Sämtliche Möglichkeiten für die Arbeit von Justiz und Polizei sind mithin auszuschöpfen, ob es sich um verdachtsunabhängige Kontrollen handelt oder die Unterstellung der hessischen Polizei unter ein Landespolizeipräsidium, ob es um die Betonung des Schutzes der Allgemeinheit gegenüber dem Resozialisierungsanliegen geht oder um neue Methoden zur Bekämpfung organisierter Kriminalität wie erweiterte Kronzeugenregelungen oder den Einsatz optischer Überwachungsgeräte.

Von der praktischen Wirksamkeit vorerst mehr eine flankierende Maßnahme, vom Denkansatz her jedoch von prinzipieller Bedeutung ist die Einbeziehung der Bürger in die Wahrung der Inneren Sicherheit, nämlich im Sinne der Schaffung einer aktiven Bürgergesellschaft und der Absicherung unseres Gemeinwesens gegen die Folgen eines Werteverfalls. Auch hier werden wir einen Mentalitätswandel anstoßen müssen. Es ist durchaus paradox, daß viele Bürger – so sehr sie auch über ein wachsendes Gefühl der Unsicherheit klagen – in der Öffentlichkeit gegen die kleinen alltäglichen Aggressionen, schlechtes Benehmen oder Vandalismus auch da nichts unternehmen, wo kein besonderes Risiko für sie sichtbar ist. So wie es ohne Sicherheit keine Freiheit gibt, gehört zur Freiheit auch unbestreitbar eine gewisse Zivilcourage. Zugleich wächst die Bereitschaft der Bürger, ihre Nachbarn wegen geradezu absurder Vorwürfe mit einem Gerichtsverfahren zu überziehen, ob es sich um störende Gartenzwerge im Nachbarsgarten oder spielende Kinder handelt.

Ein Beispiel für die Bedeutung einer aktiven Bürgergesellschaft für unsere Innere Sicherheit ist die Einrichtung von Nachbarschaftskooperationen, um eine Wohngegend sicherer zu machen: Man achtet auf Wohnungen und Häuser, während der Nachbar verreist ist, macht sich Gedanken über verdächtige Besucher oder schlägt Alarm, wenn vor einem anderen Haus ein Möbelwagen vorfährt, wo man doch weiß, daß dieser Nachbar überhaupt keinen Umzug plant. Solche Präventivmaßnahmen werden sich herumsprechen und für weiter zunehmende Sicherheit sorgen. In den USA werden solche abgesicherten Nachbarschaften sogar durch unübersehbare Schilder angekündigt. Aus einem derartigen Engagement kann dann auch ein besserer Kontakt zur Polizei entstehen, wenn wir wieder zu einer stärkeren Präsenz von Streifen zu Fuß oder mit dem Fahrrad übergehen. Freilich müssen wir auch sicherstellen, daß es nicht bei einem gesteigerten *Gefühl* der Sicherheit bleibt: Unsere Alltagsumgebungen müssen tatsächlich wieder sicherer werden; bloße Kosmetik ist eher gefährlich.[5]

Die Wirkung wird einige Zeit auf sich warten lassen, doch der auf Dauer erfolgreichste Weg ist natürlich der, daß Eltern und Schule sich – auch in enger Zusammenarbeit – wieder stärker für eine wertorientierte Erziehung einsetzen. Hier haben viele Eltern einerseits erzieherische Aufgaben auf die Schule abgewälzt und ihr andererseits die institutionellen Mittel verweigert, in die Rolle der Eltern zumindest subsidiär einzutreten. Die aktive Bürgergesellschaft bedarf fester immaterieller Grundlagen, die gewissermaßen von der Basis der Alterspyramide her nachwachsen müssen.

Eine auf einer völlig anderen Ebene liegende Herausforderung stellt die Erscheinung grenzüberschreitender Kriminalität dar. Nicht, daß sie so gänzlich neu wäre, doch die Qualität ist eine andere geworden. Die Europäische Union mit ihrer vertraglich verbrieften Freizügigkeit als einem wesentlichen Merkmal ihrer Verfaßtheit erfreut den Ferienreisenden und verschafft den Sicherheitskräften Magendrücken. Die Aufhebung von Kontrollen an den innergemeinschaftlichen Grenzen schlägt in der Sicherheitsbilanz negativ zu Buche. 1991 gelang es dem Bundesgrenzschutz, dem Zoll und den beteiligten Landespolizeien, an den deutschen Grenzen insgesamt fast 50 000 Personen aufzugreifen, nach denen gefahndet wurde. Knapp 110 000 Personen wurden durch sogenannte Initiativaufgriffe festgehalten. Unter den Aufgegriffenen befanden sich 224 Personen, nach denen wegen lebensgefährdender Straftaten gefahndet wurde. Mehr als 23 000 Festnahmen erfolgten, von festgestellten Ordnungswidrigkeiten und beanstandeten Fahrzeugen in der Größenordnung von fast 300 000, der Zurückweisung von mehr als 110 000 Menschen und gefundenen Vermißten ganz zu schweigen.[6]

Daß der weitgehende oder komplette Wegfall dieser Schutzmöglichkeiten ein zusätzliches Sicherheitsrisiko darstellt, ist angesichts dieser Erfolgszahlen unbestreitbar. Zudem profitieren auch Straftäter aus Nicht-EU-Ländern von der innergemeinschaftlichen Freizügigkeit, wenn sie erst einmal eine der EU-Außengrenzen passiert haben. Wir dürfen weder die europäische Einigung zu einer Belastung für den Bürger werden lassen, noch ein steigendes Risiko als die unvermeidliche Kehrseite der Freizügigkeit hinnehmen.

In einer Gemeinschaft demokratischer Staaten mit funktionierender Gewaltenteilung gibt es überhaupt keinen triftigen Grund, neben anderen Politikbereichen und dem intensiven Wirtschaftsverkehr auf dem Gebiet der Inneren Sicherheit nicht zu kooperieren. Unser Gemeinwesen muß in die Lage versetzt werden, auf die erheblich gestiegene Mobilität des Verbrechens aufgrund offener Grenzen, steigendem Organisationsgrad von Kriminellen und allgemeiner Modernisierung der Kriminalität angemessen zu reagieren. Es bedeutet doch auch keinen Verzicht auf eine ohnehin nur in Zusammenarbeit mit anderen Nationen tragfähige staatliche Souveränität, wenn die grenzüberschreitende Polizeiarbeit erheblich systematisiert und ausgebaut würde. Daß Kriminelle die offenen Grenzen problemlos passieren und die polizeiliche Verfolgung dort gebremst wird, ist ein schwer erträglicher Zustand. Ähnlich wie binationale Korps als Beginn einer verteidigungspolitischen Integration entstehen, könnten auch Polizeieinheiten in zunehmendem Maße direkt miteinander arbeiten.

Den besten Erfolg verspricht ein Gesamtkonzept, das die Politik der EU-Mitglieder aufeinander abstimmt. Denn erstens bedeutet jeder erhebliche Unterschied des Risikos für einen Kriminellen zwischen zwei Staaten – genauso wie zwischen zwei Bundesländern – einen Anreiz, in das gesetzlich und polizeilich weniger geschützte Land zu wechseln. Und zweitens ist Innere Sicherheit in einem zusammenwachsenden Europa auf Dauer kein Thema für nationale Alleingänge und Empfindlichkeiten. Eine solche europäische Sicherheitsstruktur müßte neben dem Ausbau einer europäischen Polizei systematische und grundsätzliche Elemente als Weiterentwicklung einzelner Kooperationen zu einem zusammenhängenden Ganzen enthalten, etwa eine Optimierung der Zusammenarbeit der Sicherheitsbehörden, eine Fahndungsunion, verbesserte Kooperation der Justizbehörden oder die Harmonisierung der Kriminalpolitik.[7]

Letztendlich muß die Innere Sicherheit auf europäischer Ebene denselben Prinzipien folgen wie innerstaatlich: Gesellschaftspolitik, Verbesserung der Polizeiarbeit, eine effiziente Justiz haben zusammenzuwirken, um ein Höchstmaß an Innerer Sicherheit zu gewährleisten. Überzogene Bedenken wegen möglicher Einschränkungen von Freiheiten oder von Verstößen gegen den Datenschutz schaden im Endeffekt wiederum der Freiheit des Bürgers. Es darf nicht sein, daß in solchen Fällen der Kriminelle für sich die Möglichkeiten einer freiheitlichen Gesellschaft ausnutzen darf. Dies gilt für Europa, dies gilt natürlich auch innerhalb Deutschlands.

In unserem Land besonders sensibel ist das Thema »Ausländerkriminalität«. Dieser ganze Komplex ist hoch emotionalisiert, zahlreiche andere Probleme werden hier hineingezogen. Das hat seine speziellen historischen Gründe: Das schlechte Gewissen wegen der nationalsozialistischen Vergangenheit, das es aber auch oft erschwert, Gegenwart und Zukunft adäquat zu gestalten und manchmal im politischen Gefecht instrumentalisiert wird; im Zusammenhang damit eine Schwächung der deutschen Fähigkeit, eigene Interessen zu schützen, wenn es darum geht, ausländische Straftäter, illegalen Aufenthalt und nachweislichen Mißbrauch des Asylrechts zu verfolgen.

Hier steht Erhebliches auf dem Spiel, unter anderem auch die Bewahrung eines wirklich seinen Zweck erfüllenden Asylrechts, die erfolgreiche Integration von Millionen gesetzestreuer ausländischer Mitbürger und anderes mehr. All diese Ziele werden wir nur erreichen können, wenn die Politik der Inneren Sicherheit erfolgreich ist und damit pauschalen Angriffen auf »die Ausländer« die Spitze abgebrochen wird.

Schließlich ist über politisch motivierte Gewalt zu sprechen. Die alten Links-Rechts-Schemata taugen hier nur noch bedingt, allenfalls was deutsche Täter betrifft. Die Diversifizierung politischer Gewalt im internationalen Raum, die auf Deutschland durchschlägt, bringt das eindimensionale Schema durcheinander. Sind islamische Terrororganisationen, ist Heiliger Krieg links oder rechts? Wo steht die PKK? Den Herausforderungen, die sich aus der Internationalisierung und Vervielfachung von gewaltbereiten politischen und anderen Gruppierungen ergeben, ist am ehesten im Rahmen einer europäischen Zusammenarbeit zu begegnen.

Daneben verbleiben als deutsches Spezifikum linker und rechter Radikalismus. Ein langdauerndes und folgenschweres Mißverständnis in unserem Lande hält links gewissermaßen für »netter« als rechts. Hier wirkt nicht nur die Besetzung erfolgversprechender Themen im gesellschaftlichen Diskurs der Zeit nach 1968 fort; in dieselbe Zeit fielen auch neue Musik, neue Moden, gewaltfreies Aussteigertum, allesamt Erscheinungen mit hohen Sympathiewerten. Nichts davon konnten und können rechtsextreme Gewalttäter als unterschwelligen Bonus für sich verbuchen. Diese wahrnehmungsmäßige Schieflage gilt es zu überwinden: Politisch motivierte oder verbrämte Gewalt ist in keinem Teil des ideologischen Spektrums akzeptabel oder akzeptabler als in einem anderen.

Wollen wir ein Fazit ziehen, dann könnte dies lauten, daß wir zu einer besseren Balance von Verantwortung und Freiheit, von Rechten und Pflichten kommen müssen. Es ist eine allgemein problematische Entwicklung, daß immer mehr junge Menschen immer später zu Verantwortung in Beruf und Familie gelangen. Es ist ganz konkret ein Problem, wenn das Wahlrecht und die Volljährigkeit mit 18 Jahren erlangt werden und die volle Strafmündigkeit erst mit 21 Jahren erreicht wird. Als die Debatte um die Absenkung von Wahlalter und Volljährigkeit lief, hieß ein Schlagwort: »Mit 18 muß man zur Bundeswehr. Wer zum Tötenlernen alt genug ist, muß auch wählen dürfen.« Und wer zum Wählen alt genug ist, sollte dann nicht die volle Verantwortung für sein Handeln tragen? Es geht nicht darum, einen 19jährigen im Falle eines Falles in die gemeinsame Zelle mit älteren Schwerkriminellen sperren zu können; es geht um das allgemein sichtbare Signal.

Wir brauchen einen starken Staat. Ein solcher Staat, der auch die Innere Sicherheit garantieren kann, wird eben kein Staat sein, der sich in alle Lebensbereiche einmischt. Vielmehr wird er sich auf das Wesentliche zu konzentrieren lernen und dadurch dort stärker werden und in anderen Bereichen dem Bürger wieder mehr Gestaltungsmöglichkeiten eröffnen. Er wird gemeinsam mit den Bürgern stark sein. Dabei wird gemeinschaftliches Engagement gefragt sein. Allerdings wird in Fragen der Inneren Sicherheit – wie auch anderswo – das Gewaltmonopol eindeutig beim Staat verbleiben müssen. Es wäre fatal, wenn es etwa zu einer weitreichenden Privatisierung von Sicherheit in der Form käme, daß bestimmte Nachbarschaften oder öffentliche Räume aus einer allgemeinen Sicherung herausfallen oder – je nach Zahlungskraft – besonders privilegiert würden. Fataler noch, wenn dabei die staatlicherseits »gelieferte« Sicherheit sich als zweitklassig etablierte, sei es de facto oder nur im Bewußtsein der Bürger. Der Weg hin zum unangefochtenen Gewaltmonopol des Staates hat eine Kehrseite: Die Verpflichtung, für Innere Sicherheit zu sorgen, da dem Bürger die Möglichkeiten früherer Zeiten genommen wurden. Für den Verzicht auf eigene Gegenwehr und im Interesse einer allgemeinen Befriedung des öffentlichen und privaten Raumes muß der Staat eine glaubwürdige Garantie für die effiziente Übernahme der Abwehrfunktionen geben können. Versagt er hierin, schwindet seine Legitimation dahin.

1 Weißer Ring, Jahrgang 21, III/1998, S. 2.

2 Reinhard Rupprecht, Markus Hellenthal, Innere Sicherheit im Europäischen Binnenmarkt, Gütersloh 1992, S. 86f.

3 Ebd., S. 107f.

4 James W. Wilson, George L. Kelling, Polizei und Nachbarschaftssicherheit: Zerbrochene Fenster. In: Krim. Journal, Jahrgang 28, 1996, S. 121ff.

5 Ebd., S. 122. Die Autoren vertreten die Ansicht, daß bereits das Gefühl erhöhter Sicherheit einen Erfolg darstelle.

6 Rupprecht, Hellenthal, S. 134 (vgl. Anm. 2).

7 Ebd., passim.

Genug Arbeit für Deutschland

Wirtschaftswunderland und Exportweltmeister Deutschland ist ins Gerede gekommen – international und im eigenen Haus. Deutschland tritt derzeit im globalen Wettbewerb mit gedrosseltem Tempo an. Neueste Erhebungen zeigen, daß wir mit unserem Pro-Kopf-Einkommen an die siebente Stelle in der Welt zurückgefallen sind. Einen ähnlich moderaten Platz – gemessen an früheren Leistungen und unseren Möglichkeiten, gemessen aber auch an unseren Wohlstandserwartungen – nimmt Deutschland weltweit auf der Rangskala der Wettbewerbsfähigkeit ein. Die Prophezeiung einer Eurosklerose aus den 80er Jahren hat sich als aufrüttelnde Warnung herausgestellt, als eine Prophezeiung, die sich selbst widerlegen sollte. Behält jetzt ein Kritiker wie Bruce Nussbaum recht, der Deutschland vorwarf, es ruhe sich auf seinen Lorbeeren des 19. Jahrhunderts aus und verschlafe die Chancen für das 21. Jahrhundert?

Unbestreitbar sind am Ende dieses Jahrhunderts Deutschlands immer noch starke Position, deren Gefährdung sowie die sich deutlich abzeichnenden Möglichkeiten und Aufgaben der nahen Zukunft.

Unser Land hat seit der Wiedervereinigung eine historisch singuläre Aufbauleistung vollbracht, parallel zu massiven Hilfen für die Staaten Mittel- und Osteuropas. In die neuen Bundesländer flossen seitdem mehr als

1000 Milliarden DM an öffentlichen Nettotransfers: Deutschland war mit diesem Kraftakt beschäftigt, während die Herausforderung der Globalisierung auch für uns Ernst wurde, und tritt dadurch auch mit einem gewissen Handicap an. Dies haben wir psychologisch auf der Habenseite, faktisch vorerst aber als Soll in der Bilanz unserer derzeitigen Situation zu verbuchen. Zugleich dürfen wir die Globalisierung als Chance begreifen: Internationale Arbeitsteilung und Welthandel fördern weltweit den Wohlstand. Nach einer Schätzung der OECD aus dem Jahre 1997 können wir für den Zeitraum von 1995 bis 2020 bei fortgesetzter Entwicklung unter den derzeitigen Rahmenbedingungen u. a. mit folgenden Wirtschaftsergebnissen rechnen: eine Verdoppelung bis Verdreifachung der weltweiten Produktion bei einer Steigerung des Pro-Kopf-Einkommens zwischen 60 und 140 Prozent; Rückgang der Arbeitslosenquote in Europa auf 5 Prozent. Dabei werden die weniger industrialisierten Länder überproportional gewinnen. Im Rahmen der Europäischen Union wurden übrigens durch das Binnenmarktprojekt mehrere hunderttausende von zusätzlichen Arbeitsplätzen geschaffen und zwischen 1987 und 1993 eine zusätzliche Einkommenssteigerung von 1,1 bis 1,5 Prozent erreicht.[1]

Auf der Habenseite stehen zum einen traditionelle Standortvorteile und zum anderen aktuelle Erfolge.

Nach wie vor gehören zu den Standortvorteilen vor allem die folgenden:

- Die deutsche Arbeitsbevölkerung verfügt über ein hohes Bildungs- und Ausbildungsniveau, auch in technischen Berufen.
- Sie hat eine lange Tradition des Arbeitens in anspruchsvollen Berufen.
- Auf derselben Tradition industrieller und wissenschaftlicher Entwicklung basierend genießt unser Land einen Vorsprung.
- Die politischen und gesellschaftlichen Verhältnisse sind stabil und bieten von daher einen Anreiz für Investoren, auch damit hängt der deutsche Ruf der Verläßlichkeit zusammen.
- In den entscheidenden Bereichen, also Transportwesen, Telekommunikation, Energieversorgung, Verfügbarkeit von Wissen und Arbeitskraft, besteht eine gute bis sehr gute Infrastruktur.

- □ Zu den meisten Ländern der Welt bestehen gute oder sehr gute politische Beziehungen, die auch Handel und wirtschaftliche Zusammenarbeit fördern.

In den letzten Jahren konnten weitere Pluspunkte gebucht werden:

- □ Deutschland erzielte unter den OECD-Ländern eine besonders hohe Wachstumsrate.
- □ Unsere Inflationsrate ist auf einen historischen Tiefstand zurückgegangen.
- □ Die Arbeitslosenzahl ist 1998 um mehrere hunderttausend gesunken, während die deutschen Unternehmen zugleich der Bundesanstalt für Arbeit eine halbe Million offene Stellen mehr als im Vorjahr gemeldet haben.
- □ Die Lohnstückkosten sind seit 1996 jedes Jahr gesunken.
- □ In den Standort Neue Bundesländer sind bereits 50 Milliarden DM für die Modernisierung der Telekommunikation geflossen, so daß dort – weiteren Ausbau vorausgesetzt – bis zum Jahre 2005 Europas modernste Infrastruktur entstehen kann.
- □ Ähnlich wurden dort moderne Verkehrswege gefördert, bislang mit rund 80 Milliarden DM. Doch auch die alten Bundesländer haben von Investitionen in eine konsequente Modernisierung profitiert – von 1990 bis 1998 in einer Größenordnung von 100 Milliarden DM.
- □ Die Investitionen in Anlagen und Ausrüstung steigen spürbar.
- □ Im ersten Quartal 1998 gab es seit der Wiedervereinigung den größten Zuwachs beim Bruttoinlandsprodukt – und dies alles bei sinkender Nettokreditaufnahme.

Insgesamt haben also die Maßnahmen der Regierung Kohl bis 1998 spürbar zu greifen begonnen. Die Voraussetzungen für dauerhafte Wettbewerbsfähigkeit und erneutes Wirtschafts- und Beschäftigungswachstum haben sich erheblich verbessert.

Auf der Sollseite dagegen finden sich, zum Teil schon lange, die folgenden Belastungen:

- □ Die Lohnkosten sind nach wie vor im internationalen Vergleich sehr hoch.

- Die Staatsquote ist trotz erheblicher Anstrengungen mit 48 Prozent im Jahre 1998 immer noch zu hoch. Dies liegt allerdings auch an den Folgen der Wiedervereinigung; Anfang der 90er Jahre lag die Staatsquote sogar bei 51 Prozent.
- Der Schuldenberg, der auf dem Bundeshaushalt lastet, ist immer noch zu schwer. Zum Teil bedingt durch die Wiedervereinigung wird die Zinslast bis zum Jahre 2000 auf 22 Prozent des Bundeshaushaltes ansteigen.
- Im Vergleich zu den Investitionen sind die Ausgaben für Transferleistungen zu hoch, von einem ausgewogenen Verhältnis kann schon seit längerem nicht mehr die Rede sein.
- Die politische und gesellschaftliche Stabilität zeigt eine Kehrseite in mangelnder Flexibilität, z. B. bei arbeitsrechtlichen Gestaltungen, die direkt wirtschafts- und beschäftigungsfördernd sein könnten. Im Vergleich mit anderen Mitgliedsländern der Europäischen Union hinkt Deutschland bei Strukturreformen in Bereichen wie der Finanz- und der Wirtschaftspolitik hinterher.
- In der Bevölkerung, in der »veröffentlichten« Meinung und bei zahlreichen unserer politischen Vertreter wachsen Vorbehalte gegen Innovation, neue Technologien und Strukturveränderungen. Damit geht eine oft auf hohem materiellen Niveau abgesicherte Mentalität der Genügsamkeit einher, doch aus dem »Auch mit etwas weniger auskommen können« wird leicht für viele Arbeitnehmer ein »Mit viel weniger auskommen müssen«.

Dennoch: Die Bilanz sieht nicht schlecht aus, aber auch nicht so überwiegend gut, wie sie es schon war. Relativiert bzw. akzentuiert werden Vorteile und Nachteile der Bundesrepublik Deutschland nicht nur durch die Globalisierung allgemein, sondern auch durch die Entwicklung in Ost- und Mitteleuropa nach der Auflösung des Ostblocks: Auch dort gibt es ein hohes Bildungsniveau und hohe Bereitschaft zu Bildung und Leistung, finden wir eine gute Tradition anspruchsvoller Arbeit und damit ein erhebliches Wirtschaftspotential, das sich jetzt frei entfaltet. Hier liegen neue Absatzmärkte, verbunden mit guten politischen Beziehungen und noch manchen traditionellen Verbindungen, und neue Konkurrenz dicht beieinander.

Die Schaffung einer aktiven Bürgergesellschaft als Voraussetzung für den Erhalt der Wettbewerbsfähigkeit und den Abbau der Arbeitslosigkeit wird durch diese Fakten und Daten nur betont. Damit sind die zwei grundlegend wichtigen Aufgaben, die in diesem Bereich anstehen, genannt: erstens, Förderung der wirtschaftlichen Leistungsfähigkeit unseres Landes, und zweitens, Sicherung von (mehr) Beschäftigung.

Beide Aufgaben hängen aus der Sicht des Politikers zusammen, aber nicht unbedingt die beiden Phänomene Leistungsfähigkeit und Beschäftigung – jedenfalls nicht direkt. Wir erleben ja schon seit einiger Zeit ein Wirtschaftswachstum bei gleichzeitiger Reduzierung des Arbeitsaufkommens und des Arbeitsplatzangebotes als Kehrseite wachsender Produktivität sowie der zunehmenden internationalen Arbeitsteilung. So hat sich in der alten Bundesrepublik Deutschland das Arbeitsvolumen von 1975 bis 1995 um ein Zehntel vermindert.[2]

Diese mögliche Entkopplung ist von grundlegender Bedeutung für Wirtschafts- und Arbeitsmarktpolitik: Eine gute Konjunktur kann, muß aber nicht erheblich mehr Beschäftigung bedeuten, schon gar nicht Vollbeschäftigung. Freilich deutet eine Zunahme von Arbeitsmöglichkeiten nach wie vor regelmäßig auf einen Wirtschaftsboom hin – wie in den USA während der Ära Reagan –, doch der Umkehrschluß ist nicht mehr zwingend.

Zugleich sind die Möglichkeiten reiner Beschäftigungspolitik ausgereizt: Sie hat sich unter den Vorzeichen angespannter öffentlicher Haushalte als in doppeltem Sinne kostspieliges Strohfeuer erwiesen. Es gilt mithin, erstens neue Ansätze für mehr Beschäftigung zu verfolgen – was oft eine Rückkehr zu bereits erreichten Einsichten bedeutet –, und zweitens weiter umzusteuern von einer defensiven oder palliativen Politik zugunsten der bereits Arbeitslosen, die nur deren Status erträglicher macht, ohne ihn grundlegend zu verbessern, zu einer aktiven Politik für mehr (Wieder-)Beschäftigung und zur Verhinderung von Arbeitslosigkeit. Auch letzteres darf nicht defensiv geschehen, etwa durch inflexible Regelungen im Arbeitsrecht, sondern durch Stärkung der deutschen Wirtschaftskraft und günstige Rahmenbedingungen für Beschäftigung. Eine erfolgreiche Wirtschaftspolitik ist allemal die beste Sozialpolitik! Dies gilt auch dann, wenn wir parallel dazu alternative Modelle für die Zukunft der Erwerbsarbeit und ihrer Verteilung bzw. der Verteilung der Einkommen aus ihr zu diskutieren haben werden.

Die politischen Prioritäten müssen klar benannt werden: An der grundlegenden Bedeutung von Erwerbsarbeit läßt sich weder rütteln noch deuten. Erwerbsarbeit ist nicht nur die wesentlichste Einkommensquelle für die allermeisten erwerbsfähigen Menschen in unserem Lande; sie ist auch ausschlaggebend für deren Lebens- und Selbstwertgefühl, sie bestimmt direktmateriell und indirekt deren Chancen, am Leben der Gesellschaft teilzuhaben. Wer dies relativieren will, verkennt entweder die sehr praktische Bedeutung eines eigenen Einkommens oder zumindest der Partizipation an einem Familieneinkommen. Oder er muß einen komplizierten Apparat zur Erzeugung weiterer Einkommenstransfers aufbauen, mit allen nachteiligen Konsequenzen wie hohen Transaktionskosten, weiterer Belastung der Erwerbstätigen und Förderung einer Subventionsmentalität. Von der Erwerbsarbeit ausgeschlossen (worden) zu sein, Arbeitsloser zu sein, läßt sich in einer realistischen Perspektive nicht als gewöhnliche »Umorientierungsphase« in einem Lebenslauf interpretieren. Die finanziellen und psychischen Belastungen sind dazu zu hoch. Mit steigender Langzeitarbeitslosigkeit und bei immer noch spürbaren Inflexibilitäten auf dem Arbeitsmarkt wird der Spielraum für solche Gedankenexperimente noch kleiner.

Ziel der Politik muß es sein, möglichst vielen Menschen eine gutqualifizierte und entsprechend bezahlte Erwerbstätigkeit zu ermöglichen. Dies hat grundsätzlich auch bei der Wiedereingliederung (Langzeit-)Arbeitsloser in den Arbeitsmarkt zu gelten. In der gegenwärtigen Situation freilich wird man hier Abstriche machen müssen, das Wunschziel adäquater bzw. möglichst hochqualifizierter Beschäftigung aber nicht aus den Augen verlieren dürfen. Die Struktur der Arbeitslosigkeit ist in Deutschland zu differenziert, als daß Pauschalrezepte und verallgemeinernde Erklärungen greifen könnten: Strukturell bedingte Arbeitslosigkeit, konjunkturell verursachter Jobverlust, das Problem des Alters sowie psychische und physische Handicaps, schließlich Qualifikationsmängel sind allesamt als Teilursachen zu benennen. Eine grundsätzliche Arbeitsunwilligkeit bei einem erheblichen Teil der Arbeitslosen vorauszusetzen, entbehrte bereits früher der empirischen Grundlage und verbietet sich spätestens seit dem Anstieg der Arbeitslosigkeit im Gefolge des Zusammenbruchs veralteter Industrien in der ehemaligen DDR.

Es erzeugt nur Spaltungen in der Gesellschaft und befriedigt vordergründig einen gewissen Sozialneid von oben nach unten, wenn in (Langzeit-)Arbeitslosen nur ein Arbeitskräftereservoir für ungeliebte, geringqualifizierte und schlecht bezahlte Tätigkeiten auf einem Arbeitsmarkt zweiter Güte gesehen wird. Dies kann niemand ernsthaft wollen. Deshalb brauchen wir eine Verbindung von guten wirtschaftlichen Rahmenbedingungen zur Steigerung der Beschäftigung mit einer marktwirtschaftskonformen Förderung. Wenn man die sich abzeichnenden Entwicklungslinien anschaut und sieht, daß wir vor allem auf den Gebieten international wettbewerbsfähig sein werden, in denen Spitzentechnologien und höchste Ausbildungsstandards gefragt sind, sieht man auch, daß nicht alle in unserem Land von ihren Voraussetzungen her in der Lage sind, diesen Anforderungen zu genügen. Dabei steht außer Frage, daß wir nicht mit Niedriglohnländern werden konkurrieren können. Mit den Löhnen des Fernen und inzwischen auch des Nahen Ostens kann in unserem Lande niemand seinen Lebensunterhalt bestreiten. Wenn man jedoch diese Voraussetzungen akzeptiert, dann bedeutet dies, daß wir bereit sein müssen, auch hier grundlegende Veränderungen unseres Denkens vorzunehmen. Mehr Flexibilität, neue Einstiegsmöglichkeiten in die Berufstätigkeit, aber auch eine neuartige Verzahnung von eigenem Arbeitseinkommen und staatlichen Transfers können Lösungswege beschreiben, wie wir weniger qualifizierten Menschen in Zukunft die Chance zur Beschäftigung eröffnen können. Das Modell des »Kombilohns« beschreibt einen solchen möglichen Weg, wie eigenes Arbeitseinkommen und staatliche Hilfe zusammengeführt werden können. Dies führt letztlich nicht nur dazu, daß mehr Beschäftigung bei gleichzeitig niedrigeren öffentlichen Aufwendungen im Einzelfall erreicht wird, sondern gewährleistet – bei begrenzten öffentlichen Mitteln – die Chance, daß mehr

Menschen nicht nur die materielle Sicherung ihres Lebensunterhalts erhalten, sondern gleichzeitig wieder in ein normales Arbeitsumfeld integriert werden können, in dem sie sich bewähren, in dem sie Bestätigung erhalten und von dem aus sich neue Perspektiven für ihre Berufstätigkeit entwickeln können. Auch dies ist kein Königsweg, weil die Gefahr des Ersetzens von regulärer Beschäftigung durch Kombilohn-Beschäftigte nicht von der Hand zu weisen ist, und nur durch spezielle Ausgestaltung des Modells vermieden werden kann. Aber der Weg des Kombilohns ist einer der wenigen vorhandenen Ansätze, wie man dem Problem wirkungsvoll begegnen kann, ohne dauerhaft einen zweiten Arbeitsmarkt mit immer weiteren Ausdehnungstendenzen zu erhalten. Deswegen ist es sinnvoll, das Kombi-Lohn-Modell in der Praxis auszuprobieren.

Auch über die verschiedenen anderen Wege einer Wiedereingliederung ist nachzudenken. So kann es sinnvoll sein, für eine bestimmte Gruppe von leistungsschwachen oder mit Handicaps behafteten Arbeitslosen einen begrenzten zweiten Arbeitsmarkt zu haben. Aber das muß immer Ziel bleiben, Arbeitslose so schnell wie möglich in den regulären Arbeitsmarkt zu integrieren.

Arbeitslosigkeit darf nicht zu einer auf Dauer dequalifizierenden und damit natürlich auch demotivierenden Falle werden; ein Wiedereinstieg in die Arbeitswelt muß das Ziel bleiben. Zudem kann sich Deutschland kaum als Spitzenstandort für Ökonomie und Technologie der Zukunft profilieren, wenn Problemlösungen vorrangig in einer Zunahme gering qualifizierter und schlecht bezahlter Arbeit gesehen würden.

Bedeutsam für die Beurteilung der Lage am Arbeitsmarkt sind die Trends bei der Teilzeitarbeit und den sogenannten Nichtnorm-Arbeitsverhältnissen. Beides birgt Risiken und Möglichkeiten, abhängig davon, wie wir gestalterisch damit umgehen. In einem begrenzten Umfang ist die Förderung von Teilzeitarbeit ein geeignetes Instrument im Blick auf die Zielsetzung »Genug Arbeit für alle«. Bloße Umverteilung kann gewiß nicht der Weisheit letzter Schluß sein. Doch dort, wo arbeitsmäßig vollausgelastete oder gar überlastete Menschen Arbeit abgeben wollen und können, wo berufstätige Ehepaare nach einer Möglichkeit suchen, durch reduzierte

Arbeitszeit Familie und Beruf besser miteinander zu verbinden, ist Umverteilung von Arbeit ein sinnvoller Weg.

Dieser Weg muß freilich flexibel markiert, nicht rigide vorgegeben sein. Von »Halbzeit« bis hin zu geringfügig gekürzter Vollzeittätigkeit müssen die verschiedenen Modelle möglich gemacht werden. Eine erzwungene Absenkung der Standardarbeitszeit per Arbeitsgesetz, wie von Teilen der Gewerkschaften und der SPD immer wieder als Patentrezept zur Schaffung von Arbeitsplätzen gefordert, wäre dagegen kontraproduktiv: Gerade jene innovativ orientierten Unternehmen in Zukunftsbranchen würden deshalb keine neuen Arbeitsplätze schaffen, weil dort nicht die traditionellen großen Mengen standardisierter Arbeitsplätze vorhanden sind.

Die Zahl der sogenannten Nichtnorm-Arbeitsverhältnisse hat sich in Westdeutschland von 1970 bis 1995 etwa verdoppelt, von ungefähr 16 Prozent auf rund 32 Prozent. In den neuen Bundesländern, in denen 1989 der Anteil von Nichtnorm-Arbeitsverhältnissen ebenfalls mit etwa 16 Prozent angegeben wird, kam es bis 1991 zu einer rapiden Zunahme auf etwa 41 Prozent. Dann ging 1995 ihre Zahl auf 29% zurück.[3] Diese Entwicklung wird hierzulande aus verschiedenen Gründen nicht ohne Besorgnis beobachtet, auch wenn ihr Beitrag zu einer Belebung des Arbeitsmarktes erkannt wird: Die Einkommen sind häufig gering, die soziale Absicherung ist defizitär, für die Sozialversicherungskassen ergeben sich nur schwache Einnahmen. Am Rande bemerkt: Die Nomenklatur ist verräterisch – als gebe es unabhängig von durchaus wandlungsfähigen arbeitsrechtlichen Normen so etwas wie zwingend »normale«, d. h. hier als Richtschnur verwendbare Arbeitsverhältnisse.

Diesen Nichtnorm-Arbeitsverhältnissen wird ein erheblicher Anteil am Jobwunder in anderen westlichen Industrienationen zugeschrieben, etwa in den USA, von uns oft noch verächtlich als »McJob« abgetan. Vor- und Nachteile liegen auf der Hand, bilden sich aber in den Köpfen der Menschen je nach den nationalen Traditionen und Ansprüchen an die Bedeutung von Arbeit sehr unterschiedlich ab.

Beide Bereiche, Teilzeitarbeit im klassischen Sinne und die Nichtnorm-Arbeitsverhältnisse, können als (Wieder-)Einstieg in eine gesichertere und ausreichend ertragsfähige Erwerbstätigkeit eine wirkliche Perspektive bieten. Dafür müssen jedoch einige formale und informelle Voraussetzungen erfüllt sein:

- Teilzeitarbeit darf kein Laufbahnhindernis sein.
- Teilzeitarbeit muß sich vermehrt als mögliche Option auch bei höherqualifizierten Berufsbildern durchsetzen.
- Nichtnorm-Arbeitsverhältnisse müssen vom Stigma der Zweitrangigkeit für den so beschäftigten Arbeitnehmer befreit werden.

Eindeutig kann hier der Gesetzgeber mit direkten Maßnahmen wenig ausrichten. Viel stärker sind etwa die Arbeitgeber und ihre Organisationen gefordert, aber auch die Arbeitnehmervertretungen. Schließlich ist ebenso eine gesellschaftliche Verständigung über den Wert dieser Alternativen, sei es als Einstiegschance, sei es als Dauerlösung, vonnöten. Hier kann dem Politiker die Rolle des Moderators zufallen. Mit anderen Worten: Eine durchaus wünschenswerte Flexibilisierung von Lebens- und Erwerbsbiographien bedarf der Anpassung institutioneller Voraussetzungen und vor allem der Flankierung durch einen Wandel der gesellschaftlichen Leitbilder in der Arbeitswelt.

Nochmals: Wir müssen den ersten, den »echten« Arbeitsmarkt wieder stärken. Doch es wird auf alle Fälle ein flexiblerer, vielgestaltiger Arbeitsmarkt sein, wenn wir den Kampf für wirtschaftliches Wachstum und gegen die Arbeitslosigkeit aussichtsreich führen wollen. Letztlich wird dies auch eine Auseinandersetzung um die Behauptung der Sozialen Marktwirtschaft sein. Eine leistungsfähige Marktwirtschaft sorgt für ausreichende Mittel, um unsere natürlichen Ressourcen zu schonen: Nachwachsende und nichtwachsende Rohstoffe, Luft, Wasser, Boden. Hierzu bedarf es klarer Vorgaben der Politik, damit die Wirtschaftsakteure, d. h. Unternehmer und Privatleute, den Verbrauch von Umwelt in ihrer Kostenrechnung und auch in ihrem Konsumverhalten berücksichtigen. Unter den Bedingungen einer funktionierenden Marktwirtschaft ergibt sich dann eine hohe Prämie auf schonenden Umgang mit der Umwelt.

Wir haben in Deutschland viele Altlasten bewältigt aus der Hochphase der Industrialisierung, vieles bleibt noch zu tun, vor allem in der ehemaligen

DDR. An dieser Aufgabe wachsen jedoch auch Umweltforschung und Umweltindustrie. Die Zeiten sind längst vorbei, da man ökologisches Denken als Hemmschuh wirtschaftlichen Wachstums interpretieren und Ökologie gegen Ökonomie ausspielen konnte. Im Gegenteil, mit einer sozialen und zugleich ökologischen Marktwirtschaft verbessern wir nicht nur die Lebensverhältnisse in unserem eigenen Lande, sondern entwickeln zukunftsträchtige Industrien. In allen fortgeschrittenen Wirtschaftsnationen wächst die Einsicht in die Notwendigkeit aktiven Umweltschutzes und damit die Nachfrage nach den entsprechenden Verfahren und Produkten. So wird sich die Marktwirtschaft als Teil unserer deutschen Erfolgsgeschichte fortschreiben, wie sie es seit den 50er Jahren immer wieder getan hat.

Zugleich steht die Soziale Marktwirtschaft auf dem Prüfstand: Ist sie noch sozial oder unterdessen durch Fehlleistungen der Politik, aber auch der Tarifpartner und anderer Interessenvertreter unsozial geworden? Hat sich aus dem »guten Modell eine traurige Praxis« ergeben – wie Hugo Müller-Vogg unlängst geschrieben hat?[4] Der Mitherausgeber der F.A.Z. meint mit der von ihm diagnostizierten Fehlentwicklung übrigens nicht, daß unsere Marktwirtschaft mittlerweile zu wenig soziale Komponenten enthalte, sondern zu wenig Markt und marktwirtschaftliches Verständnis, und daß sie durch äußere Eingriffe beschädigt worden sei. Für die Rückkehr zu einer wirklich wieder leistungsfähigen Sozialen Marktwirtschaft fordert er unter anderem einen schlankeren Staat, ein übersichtliches Steuersystem, mehr Optionen für den Arbeitnehmer bei der Wahl seiner Versicherungssysteme und Leistungsanreize sowie ein flotteres Reformtempo. Als Vorschlagskatalog liegt dies durchaus im Mainstream christlich-demokratischen Verständnisses davon, welche Voraussetzungen eine funktionstüchtige Marktwirtschaft braucht und wie eine Soziale Marktwirtschaft beschaffen sein soll.

Solch kritische Überprüfung ist immer wieder wichtig, soll die Soziale Marktwirtschaft nicht ernsthaft gefährdet werden. Gefahr droht ihr von einer rot-grünen Wirtschafts- und Arbeitsmarktpolitik, die immer noch oder schon wieder den alten Irrlehren anhängt:

- *Die Marktwirtschaft kenne keine Moral, sie strahle Kälte aus und setze den Menschen einem unbarmherzigen Wettbewerb aus.*

Unsere erfolgreiche Marktwirtschaft fordert einen Preis: Um sie zu verstehen und den Zusammenhang zwischen eigenem Einsatz und Belohnung herzustellen, muß der Mensch sich intellektuell mehr bemühen als in anderen Wirtschafts- und Gesellschaftsordnungen, deren vermeintliche Wohltaten auf der Hand zu liegen scheinen. In der Tat gibt es für die Marktwirtschaft nur ein einziges Argument: ihren durchschlagenden Erfolg!

Wettbewerb ist unverzichtbar, ohne ihn gibt es keinen Fortschritt. Wir kennen genügend Versuche, Gesellschaften, d. h. die dort lebenden Menschen, und Wirtschaftsräume gegen Wettbewerb von außen und im Inneren abzuschotten: Das Zunftwesen des alten deutschen Handwerks verbot den Wettbewerb der Meister untereinander, regulierte die Zahl der erlaubten Gesellen pro Werkstatt und griff mit Verboten sogar in die Produktions- und Verkaufsmethoden ein. Eine produktivitätssteigernde Aufgabenteilung zwischen den verschiedenen Handwerken war schlicht untersagt. Leidtragende waren die damaligen Arbeiter, die Handwerksgesellen, die oft in die nächste Stadt weiterwandern mußten, ohne eine Arbeit gefunden zu haben; die Bürger der Stadt, die zu hohe Preise für Handwerksprodukte zahlen mußten; und schließlich die Meister selbst, deren Weltordnung zusammenbrach, als ihnen der Wind einer anderen gesellschaftlichen und wirtschaftlichen Überzeugung ins Gesicht blies.

Ähnliches hat unser Land in den 60er und 70er Jahren wieder erlebt. Die Subventionierung veralteter Branchen führte zu immenser Staatsverschuldung, die Wettbewerbsfähigkeit sank, Innovationen in Zukunftstechnologien wurden vernachlässigt, ganz so, als werde Deutschland für immer das Land von Kohle und Stahl bleiben. Irgendwann erkennen die Bürger diesen Nonsens, sei es auch nach schmerzlichen Verlusten, und wenden sich gegen ihre »Wohltäter«. Dann wird entweder eine späte Lektion gelernt und mit zusätzlichem Lehrgeld bezahlt oder – in anderen Gesellschaftsordnungen, wie etwa den früheren COMECON-Staaten – Zwang zur Aufrechterhaltung der Ordnung ausgeübt.

Unmoral aber herrscht dort, wo den Menschen ihre eigenen Gestaltungsmöglichkeiten genommen werden. Der Mensch will leisten, auch um sich etwas zu leisten. Die Unmoral beginnt dort, wo man ihm ein anderes, unrealistisches Selbstbild mit dem nicht immer sanften Druck der Utopie aufzwingt. Wenn aufoktroyierte Solidarität die Fähigkeit des Individuums zu Lasten möglicher Subsidiarität und Eigenleistung brachlegt und dies noch durch verordnete Transfers honoriert, auch dann ist Unmoral erreicht. Im übrigen kann keine Wirtschaftsform auf Dauer solidarischer sein als ihre Leistungsfähigkeit erlaubt – weder im Inneren noch gegenüber anderen, ärmeren Ländern.

□ *In der Wirtschaft gebe es keine Gewinner ohne Verlierer. Daher müßten stete Anstrengungen zur Umverteilung – in diesem Sinne zur teilweisen Rückführung vorgeblich ungerechter oder unangemessener Gewinne – unternommen werden.*

Dieses sogenannte Nullsummenargument ist in der ökonomischen und staatswissenschaftlichen Theorie schon seit langem bekannt. Es wird dadurch nicht richtiger, doch hatten die Menschen früherer Jahrhunderte noch die Entschuldigung für sich, daß Wachstum und Veränderung damals meist unmerklich langsam vor sich gingen und daß es wenig innergesellschaftliche und überregionale Arbeitsteilung gab. Wir wissen heute – und die geistigen Vorväter der Marktwirtschaft wußten das schon lange –, daß unter den richtigen Bedingungen reales Wachstum möglich ist. Die stets neue Frage ist die nach den richtigen Bedingungen und danach, wer sie schaffen kann. Wird sie gut beantwortet, entfällt auch das Argument möglicher unangemessener Gewinne, die zwingend umverteilt werden müßten. Eine funktionierende Marktwirtschaft kennt keine dauerhaften Monopolsituationen, in denen einzelne Wirtschaftssubjekte – sprich Unternehmen, Interessenverbände oder andere – ihre Marktpartner auf Dauer ausbeuten könnten. Wo wir heute auf solche Monopole oder auf extreme Ungleichgewichte stoßen, handelt es sich in der Regel um den Schatten, den frühere marktwidrige Eingriffe der Politik noch weit in die Zukunft werfen. Marktwirtschaft ist eine Wirtschafts- und Gesellschaftsordnung für mündige, vernunftgeleitete Bürger. Diese wissen auch, daß nicht jeder vermeintliche oder tatsächliche Mißstand vom Markt sofort ausgeglichen werden kann. Nicht zu sagen, »Ich will alles und zwar sofort«, ist auch ein Zeichen der politischen Reife einer Gesellschaft.

- *Neuschaffung von Arbeitsplätzen lasse sich durch künstliche Anreize oder gesetzliche Zwänge dauerhaft erreichen, auch wenn kein realer Bedarf besteht.*

Der Staat kann günstige Rahmenbedingungen für die Förderung von Beschäftigung setzen, mehr nicht. Dies ist bereits sehr viel mehr, als die Vertreter ständiger Intervention und staatlicher Lenkung annehmen; es erfordert erheblich mehr an Gestaltungskraft und Sachverstand als alle Regelungen und Zwangsmaßnahmen. In der ersten großen Rezession der 60er Jahre war es noch möglich und nötig, deren Auswirkungen durch staatliche Maßnahmen zur Konjunkturbelebung abzufangen. Doch auch dieser Eingriff hat negative Nachwirkungen in der langfristigen Perspektive gehabt: Sein augenblicklicher Erfolg nährte die Illusion der Machbarkeit von Konjunktur über direkte Geldtransfers.

Dienstleistungen und Produkte künstlich auf den Markt zu bringen und ihren Konsum womöglich zu erzwingen, ist marktwidrig und rächt sich – wenn auch nicht sofort. Ganz abgesehen davon, daß jede dem Bürger abverlangte Mark seinen Investitions- und Konsummöglichkeiten fehlt, ist diese Mark in der öffentlichen Hand oft nicht mehr dieselbe Mark: Transaktionskosten, Reibungsverluste, Fehlallokationen, Mitnahmeeffekte und Gegenmaßnahmen, mit denen der Staat aus seinem schlechten Gewissen heraus die Auswirkungen des eigenen Eingriffs abschwächen möchte, reduzieren ihren Wert.

Hinter der Kritik an der Marktwirtschaft stehen Mißverständnisse über das, was *Soziale* Marktwirtschaft bedeuten kann und will, aber auch grundsätzliche, politisch bedingte Ablehnung. Soziale Marktwirtschaft ist keine durch vermeintlich soziale Maßnahmen in ihrer Leistungsfähigkeit gebremste Marktwirtschaft, sondern eine Marktwirtschaft, die durch soziale Komponenten gestärkt wird. Die »zweite Schlacht« um die Soziale Marktwirtschaft steht also noch bevor, und sie muß an mehreren Fronten geschlagen werden. Im christlich-demokratischen Lager heißt es, auf den vorläufigen Wahlerfolg der geringeren ökonomischen Vernunft weder mit Überholmanövern auf der falschen Seite noch mit Selbstzweifeln an den wirtschaftlichen und gesellschaftlichen Überzeugungen zu reagieren. Gegenüber dem Bürger werden wir stets wieder, und wieder mit mehr Nachdruck, an die immer noch richtigen Einsichten von Ludwig Erhard und Alfred Müller-Armack erinnern müssen; Einsichten, die sich in den schwierigen Jahren nach 1949 als erfolgreich erwiesen: Politik muß den Mut haben, mindestens mittelfristig zu denken, nicht kurzfristig. Dauerhafte Sicherung von Arbeit und Wohlstand sind vonnöten, nicht Wohltaten von heute auf morgen. Verteilungsgerechtigkeit kann es nur auf einer gesunden wirtschaftlichen Grundlage geben.

Dies ist die richtig verstandene Aufgabe aller am Wirtschaftsprozeß Beteiligten. »Bündnisse für Arbeit« haben ihren Sinn in der Aufmerksamkeit, die sie auf diese gemeinsame Verantwortung lenken. Arbeitnehmer- und Arbeitgeberverbände müssen ihre notwendige friedensstiftende Funktion neu ausrichten. Die alte statische Ordnung hat ihr Ende, aber die Friedensstiftung zwischen den Sozialpartnern wird flexibel, dezentral, branchenspezifisch und auf Regionen zugeschnitten weiter gebraucht.

Zu dieser Sozialpartnerschaft gehören auch in Zukunft Unternehmen und Unternehmer, die auf ihre sozialpolitische Verantwortung stolz sind. »Shareholder-Value« ist beachtlich, aber allein reicht es nicht, um den sozialen Frieden zu erhalten. Dieser Friede aber bedeutet am Weltmarkt auf Dauer mehr als das letzte Prozent Rendite auf das eingesetzte Kapital. Eine kluge Unternehmensleitung will, daß die Arbeitnehmer des Unternehmens mit Stolz und nicht mit ängstlicher Stimme den Unternehmensnamen nennen. Auch das gehört zu Ludwig Erhards Erfolgsrezept.

Schließlich haben wir die ökologische und soziale Marktwirtschaft in Europa und global zu verteidigen. Das hat nichts damit zu tun, daß wir meinen, am deutschen Wesen müsse wieder einmal die Welt genesen. Wir werden dieses System niemandem aufzwingen können, das wollen wir auch gar nicht. Vorstellungen wie die von Oskar Lafontaine, man könne den aufstrebenden Staaten in Südost-Asien oder Mittel- und Osteuropa unsere arbeitsrechtlichen und anderen Bedingungen als vermeintliche Wohltat oder als Wachstumsbremse für einen ungeliebten Konkurrenten aufoktroyieren, sind unrealistisch – und nicht sehr sozial.[5]

Umgekehrt wird Deutschland nicht Singapur oder Taiwan werden müssen, um bestehen zu können. Die derzeitigen Probleme in Japan, die Forderungen nach mehr gewerkschaftlichen Rechten und Berücksichtigung ökologischer Anforderungen in manchen der fernöstlichen Boom-Länder belegen, daß die Welt durchaus in manchem – aber eben nicht in allen Dingen – auf das deutsche und europäische Vorbild schaut. Wir dürfen jedoch nicht davon ausgehen, daß dies in absehbarer Zeit zu einer spürbaren Verminderung des Konkurrenzdruckes führt. Im Gegenteil: Wenn wir unsere »Belastungen« in dieser Hinsicht im Gegenzug als einen versteckten langfristigen Standortvorteil ansehen, muß dies in einer aufrichtigen Argumentation auch für unsere Mitbewerber gelten.

Ein wesentlicher Unterschied zwischen christlich-demokratischer Wirtschaftspolitik und rot-grünem Verständnis von Ökonomie ist also die Entscheidung zugunsten qualitativen und quantitativen Wachstums anstelle von Umverteilung. Dahinter steht die geradezu paradigmatische Unterscheidung von Optimismus und Pessimismus. Wir glauben nicht, daß Deutschland keine Chance hat, auf dem Weltmarkt für Arbeit einen größeren Anteil an Erwerbsarbeit zu akquirieren, als dies derzeit der Fall ist. Was bedeutet das für Deutschland unter den Vorzeichen von Europäischem Binnenmarkt und globalem Wirtschaftsverkehr?

Eines werden wir nicht mehr machen können, nämlich in unserem Lande einen Schonraum, einen ökonomischen und technologischen Naturschutzpark einrichten, wenn Konjunkturbewegungen und mit ihnen die Schaffung oder Abwanderung von Arbeitsplätzen und Produktionschancen anderswo verursacht werden. Wie also backen wir einen größeren und besseren Kuchen? Wo liegen die Chancen für die Akquisition von Arbeit, unter den für Deutschland kaum abänderlichen Rahmenbedingungen unseres Sozialsystems, unseres Wohlstands und der erworbenen Ansprüche aus der Vergangenheit?

Wir werden Arbeit nur zu Preisen erlangen, die mit die höchsten am Weltmarkt sein werden. Bei solchen Preisen hat man nur Chancen, wenn man Produkte und Dienstleistungen anbieten kann, die sonst am Weltmarkt zu vergleichbarer Qualität niemand anbieten kann.

Welche Produkte und Dienstleistungen das sind, müssen wir definieren. Mit unserer sehr guten Infrastruktur, der auf den meisten Gebieten überragend gut ausgebildeten Bevölkerung und unserer industriell-technischen Kultur haben wir auf einem entwickelten Weltmarkt eine Chance, gerufen zu werden, wenn Vorgänge kompliziert und komplex werden. Die Bundesrepublik Deutschland als ein Land der »complexity managers« läßt sich am ehesten als das Land der 20 oder 30 Prozent der Berufstätigen beschreiben, die weltweit Arbeit akquirieren, damit alle die, die in Deutschland arbeiten wollen, auch Arbeit haben. Bei der Diskussion um die Arbeit der Zukunft und um die Zukunft der Arbeit geht es nicht ausschließlich darum, daß wir ein High-Tech-Land mit möglichst vielen Nobelpreisträgern sind. Doch der Anteil derer, die Ideen auf diesem Niveau entwickeln, muß ausreichen, um international ein Volkseinkommen zu erwirtschaften, mit dem man all das, was in einem Land wie der Bundesrepublik Deutschland mit ausreichenden Löhnen an Produkten und Dienstleistungen gebraucht wird und was nicht »flüchtig« international erkauft werden kann, finanzieren kann.

Um die »complexity managers« der Welt sein zu können, müssen wir auch – von der Politik her, von der Gesellschaft her – die nötigen Voraussetzungen schaffen. Diese sind:

- Weniger Eingriffe des Staates, Deregulierung und Verkürzung von Genehmigungsverfahren.

Wir können es uns nicht leisten, daß innovationsfreudige Unternehmen auf neue Projekte verzichten, nur weil sie wissen, daß der staatlich bedingte Planungsaufwand jeglichen Vorsprung durch Innovation aufzehrt. In Deutschland ist eine neue Produktionsanlage oft erst dann genehmigt, wenn die Konkurrenz anderswo das Produkt bereits auf dem Markt hat. Die Verantwortung hierfür tragen die Vertreter der Politik – auch parteiübergreifend und oft aus falscher Rücksichtnahme auf den Widerstand bestimmter Interessensgruppen: Jeder will die neuesten Errungenschaften der Technik und die nötige hochmoderne Infrastruktur, aber nicht vor der Haustür oder in Sicht- und Hörweite!

- Modernste Techniken müssen gefördert, anstatt verhindert zu werden. Das Ausmaß der Angst vor neuen Techniken und Technologien, auch gespeist aus Unwissenheit, in Deutschland ist erschreckend. Unter der ideologischen Führung der Grünen haben sich viele Menschen in unserem Land daran gewöhnt, technische Entwicklungen so lange für gefährlich zu halten, bis sie anderswo alltäglich genutzt werden. Damit vergeben wir auch ständig Chancen, sie auf höchstem Niveau – auch in puncto Sicherheit – anzuwenden und von ihnen zu profitieren. Medizinische und ethische Standards in der Gentechnologie werden wir nur einfordern können, wenn sich unser Land aktiv engagiert. Unsere Kernkraftwerke repräsentieren weltweit den Spitzenstand der Sicherheitstechnik: Wenn wir auf ihre Weiterentwicklung und den Betrieb in Deutschland verzichten, können wir sie auch keinem anderen Land in der Welt verkaufen. Wir haben wenig davon, wenn um uns herum weniger sichere Kernkraftwerke am Netz sind; Umweltschutz läßt sich nicht mit der Technologie von gestern oder vorgestern betreiben. Nur auf einem langsamen altmodischen Lastkahn steht der Steuermann hinten, in einem schnellen modernen Flugzeug sitzt er an der Spitze!
- Zur notwendigen Infrastruktur gehören physische und virtuelle Transportwege auf modernstem Niveau, von schnellen Straßen, Eisenbahnen und Flugplätzen bis zur Datenautobahn, auf der sich nicht Mercedes und VW, sondern die Bytes tummeln – möglichst ohne Zusammenstoß und ohne Geschwindigkeitsbeschränkungen. Dazu gehören aber auch die entsprechenden Ansiedlungsmöglichkeiten und Einrichtungen, die Wissenschaft und Forschung fördern sowie die tatsächliche Produktion ermöglichen. Es ist schön, wenn in einem Hochschullabor eine bahnbrechende Entdeckung gemacht wird; es ist frustrierend, wenn die profitable Anwendung wegen der Hindernisse hierzulande anderswo geschieht. Vieles, was in Japan oder in anderen Ländern mit Milliardengewinnen vermarktet wird, ist in Deutschland, auf deutsche Kosten, entwickelt worden – nur eben nicht bis zur sogenannten Fertigungsreife.
- Es muß uns alarmieren, wenn in internationalen Vergleichen – ungeachtet aller möglichen methodischen Einwände – deutsche Schüler in

Fächern wie Mathematik und Naturwissenschaften nur noch mittelmäßig abschneiden. Auch wenn wir noch so oft wiederholen, daß Deutschland als rohstoffarmes Land mit gleichzeitig hohem Wohlstandsniveau und entsprechenden Erwartungen seiner Bewohner auf Wissenschaft und Technik elementar angewiesen ist – es bleibt richtig! Technologiescheu wird uns nicht im geringsten helfen, Arbeitsmöglichkeiten in einer anspruchsvoller werdenden Welt zu erhalten.

- □ Deutschland muß wieder aktiver bei der Erschließung neuer Märkte werden – und phantasievoller. Deutsche Unternehmen sind in Japan Marktführer bei Büstenhaltern (Triumph) und bei Filtertüten (Melitta). Dies liegt nicht nur an der Weltklasse der Produkte, sondern vor allem am Mut und an der Kreativität dieser Unternehmen bei der Erschließung des schwierigen japanischen Marktes, der vor 20 Jahren seinen eigenen Bedarf an Büstenhaltern und Filtertüten noch gar nicht kannte. Dabei sind Märkte kein ausschließlich räumliches Konzept. Gewiß bieten die Länder des ehemaligen Ostblocks neue gute Absatzmöglichkeiten, auch für Produkte mittleren Entwicklungsgrades. Darin liegt und lag aber auch früher schon eine Gefahr für die wirtschaftliche und technische Kultur unseres Landes, vor allem auf den Export in nicht ganz so weit entwickelte Länder zu setzen. Diese werden uns auf vielen Gebieten bald eingeholt haben – und wir haben gerade bei Produkten des zweit- und dritthöchsten Niveaus billigere Konkurrenten überall auf der Welt. Wir wachsen nicht an Aufgaben, die unter unseren Fähigkeiten liegen.

Die deutsche Industrie, ob Produktions- oder Dienstleistungssektor, muß bei der Entwicklung neuer Angebote aktiver werden. Japan hat uns in vieler Hinsicht vorgeführt, was Kundenorientierung bedeutet. In unserem Lande hat die Industrie lange Zeit Produkte hergestellt, die technisch Spitze waren, aber nach Normen, die innerhalb der Industrie ohne Rücksicht auf mögliche, recht »untechnische« Kundenwünsche konzipiert wurden. Maßanfertigung fällt uns häufig noch schwer. Hier dürfen wir ruhig wieder an deutsche Handwerkstraditionen anknüpfen. Und es ist kein Zufall, daß gerade kleine und mittlere Unternehmen in Deutschland den wirtschaftlichen Aufschwung mittragen und mit die innovativsten sind.

Dazu gehört ein nicht ganz einfaches Umdenken. Bundespräsident Roman Herzog hat dies in einem schon vielzitierten Satz ausgedrückt: »Was ist das für ein Land, in dem die Menschen lieber Maschinen bedienen als andere Menschen!« Dahinter verbirgt sich vieles, die Frage nach persönlichen Dienstleistungen im Sinne stärkeren gemeinschaftlichen Engagements des Bürgers, aber auch das Empfinden, daß wir häufig zuerst die Qualität des eigenen Produktes sehen und dann erst mögliche Bedürfnisse eines potentiellen Kunden. Damit begrenzen wir unser innovatives Potential, und dies gilt auch für manche unserer Vorstellungen von festdefinierten Ausbildungsgängen und beruflichen Laufbahnen. In Zukunft wird es immer mehr darauf ankommen, daß wir außerhalb tradierter Berufsbilder neue Tätigkeitsfelder entdecken und – möglichst flexibel – definieren. Wiederum ist es kein Zufall, daß so mancher boomende Beruf noch gar kein festes Profil hat. In jeder großen Tageszeitung werden Positionen angeboten, unter denen sich die Mehrzahl der Leser nichts mehr oder noch nichts vorstellen kann. Unter den offiziell anerkannten Ausbildungsberufen finden sich hingegen immer mehr, die nur eine höchst beschränkte Zukunftschance bieten. Und die Mehrzahl der heutigen Azubis drängt immer noch in eine sehr beschränkte Auswahl unter diesen traditionellen Berufen, während anderswo Mangel an qualifizierten Kräften herrscht.

- Einerseits Ausnutzung der Möglichkeiten von Spitzentechnologien und andererseits die Mobilisierung der Ressourcen des Individuums, dies – unter erheblich verbesserten institutionellen und infrastrukturellen Rahmenbedingungen – sind die Antworten auf die Frage nach dem größeren Kuchen. Es hilft überhaupt nichts, Arbeit künstlich zu verbilligen. Eine Verringerung von Lohnnebenkosten durch Senkung von Sozialversicherungsbeiträgen ist eine wünschenswerte Sache – aber nur, wenn diese Lohnnebenkosten tatsächlich sinken, zum Beispiel, wenn der Arbeitnehmer dank höherer Einkommen und geringerer Belastungen mehr Eigenvorsorge betreiben kann. Wenn, wie jetzt in den rot-grünen Koalitionspapieren mit dem Null-Summen-Spiel die Senkung durch erhöhte Steuern in anderen Bereichen subventioniert wird, ist dies keine wirkliche Senkung, sondern eine weitere Runde im großen Transferspiel.

- Zu den verbesserungsbedürftigen institutionellen und infrastrukturellen Rahmenbedingungen gehört auch mehr Flexibilität bei den Tarifparteien und beim Gesetzgeber. Dessen Gestaltungsmöglichkeiten sind durch die Tarifautonomie begrenzt, so daß gestalterische Phantasie auf anderen Wegen zum Zuge kommen muß. Insgesamt müssen wir hier konstatieren, daß die Beharrungskraft des Tankers ein Plus für Richtungsstabilität ist, aber ein Hindernis bei schnellen Kurskorrekturen und kleinen Bewegungen. Zu häufig wird noch von einem begrenzten Typus von möglichen Arbeitsverhältnissen ausgegangen. Vom Personalmanagement über die Arbeitsplanung bis zur Lohnbuchhaltung mag der Arbeitnehmer in einer auf Dauer angelegten Vollzeitposition für die Unternehmen am praktischsten sein; für die Gewerkschaften ist er sicherlich auch das lohnendste Ziel von Rekrutierungsbemühungen und unter dem Gesichtspunkt späterer Mobilisierbarkeit. Von den Arbeitgebern zunehmend eingesetzt, von den Arbeitnehmervertretungen ungern gesehen, kämen noch sozusagen »marginale« Arbeitnehmer hinzu, eben solche in Nichtnorm-Arbeitsverhältnissen. Die Wünsche von immer mehr Arbeitnehmern, die Notwendigkeit, Arbeitslose wieder einzugliedern, und moderne Produktionsbedingungen fordern und ermöglichen jedoch eine breitere Palette von Arbeitsverhältnissen.

Von einer solchen Entwicklung werden insbesondere die Frauen profitieren. Sie brauchen am ehesten einen Wiedereinstieg in den Beruf nach einer längeren Phase der Kindererziehung oder haben Kinder, die noch intensiverer Zuwendung bedürfen. Auch für die zahlreicher werdenden alleinerziehenden Elternteile, meistens Mütter, bieten sich hier Möglichkeiten. Damit sollen Frauen nicht allgemein auf Teilzeit- oder sonstige, alternativ gestaltete Arbeitsplätze verwiesen werden, doch als Einstiegs- und Übergangslösung sind sie gut geeignet – eine entsprechende Weiterentwicklungsperspektive vorausgesetzt.

Es sei vorausgeschickt, daß auch in diesem Fall keine bloße Umbenennung hilft: Die Neudefinition von Erziehung und Tätigkeit im Familienhaushalt als Arbeit nützt wenig, wenn sie mit rein symbolischer Anerkennung bedacht wird. Dieses Thema hat aber eine zu große eigenständige Bedeutung in gesellschafts- und familienpolitischer Hinsicht und für unsere Wertvorstellungen als christlich-demokratische Politiker, um es hier als reinen Teilaspekt abzuhandeln.

Modernisierung in Wirtschaft und Gesellschaft geht meist in spürbaren Schüben vor sich, so daß die überkommenen Strukturen stark belastet werden. Je weniger starr Ökonomie und Gesellschaft organisiert sind, um so besser reagieren sie. Für manche Menschen stellen diese Veränderungen gewohnter Verhältnisse eine erhebliche Belastung dar, vom Wandel in alltäglichen Kleinigkeiten bis hin zum konkreten Verlust eines obsolet gewordenen Arbeitsplatzes.

Die Entwicklung von Telekommunikation und PC ist heute das augenfälligste Beispiel: Am Anfang waren Computer Rechenmaschinen für Forschung, Verwaltung und Großunternehmen, ein Telefon war höchst einfach zu bedienen. Als die Entwicklung sich beschleunigte, wurden die ersten Bedenken hörbar, die Gesellschaft könne sich in »information rich« und »information poor« spalten. Das war vor gut zehn Jahren. Doch heute geht es schon längst nicht mehr um die Frage, wer sich wieviel x-beliebige Informationen verschaffen kann: PCs sind Standardausrüstung an jedem anspruchsvollen Arbeitsplatz und an vielen durchschnittlichen. Wer auf der Klaviatur multimedialer Telekommunikation virtuos spielt, hat mehr geschäftliche Chancen und kann sein Leben auch privat effizienter organisieren, vom zeitsparenden Abfragen von Zugverbindungen über Telebanking bis zur verzögerungsfreien Übersendung eiliger Arbeitsergebnisse.

Die Entwicklung verläuft hier, wie in anderen Sektoren moderner Technik, in einem Dreischritt: Erst handelt es sich um eine Kuriosität, allenfalls für Spezialisten geeignet; dann wird daraus eine Option, die zunehmend in Mode kommt und deren praktische Verwertbarkeit erkannt wird; schließlich ein mehr oder weniger zwingendes Muß – selbst im privaten Bereich, wenn man nicht aus dem gesellschaftlichen Leben ausgeschlossen werden will.

Nun sind Leistungs- und Lernfähigkeit des Menschen erheblich größer, als Fortschrittspessimisten meinen. Wir müssen dennoch mit dem Faktum umgehen, daß in jeder größeren Innovationsphase zumindest vorübergehend, zum Teil aber auch auf Dauer, ein gewisser Prozentsatz von Arbeitnehmern überfordert sein wird. In den 80er Jahren haben SPD und Gewerkschaften noch gefordert, Bildschirmarbeit möglichst einzuschränken. Doch auch hier gibt eine leistungsfähige und daher soziale Marktwirtschaft die bessere Antwort auf die Frage nach der Zukunft von Arbeit und der Arbeit der Zukunft.

Dazu gehört auch der unsystematische Hinweis, daß Erwerbsarbeit nicht unbedingt bezahlte Arbeit im herkömmlichen Sinn sein muß, genau wie es neben der Vollzeittätigkeit viele Varianten geben kann und muß. In vielen Fällen ließe sich eine Verbindung aus direkter pekuniärer Entlohnung und indirekten Vorteilen vorstellen, etwa der Gutschrift von Anwartschaften in der Sozialversicherung. Zur Anerkennung von Familienarbeit, als Begleitung eines gestuften Ausstiegs aus dem Erwerbsleben, als Bestandteil von Kombilöhnen oder zur Honorierung von gemeinschaftlichem Engagement ebenso wie zur Gehaltsaufstockung bei Nichtnorm-Arbeitsverhältnissen wäre dies ein gangbarer Weg, der zu diskutieren ist.

Jedenfalls wird die Welt der Arbeit in Deutschland und in den anderen hochentwickelten Ländern nicht wieder so werden, wie sie es unter weitgehend anderen Bedingungen in den Jahren einer ungestörten Hochkonjunktur war. Vieles ist schon prophezeit worden, das »Ende der Arbeit« als Erwerbsarbeit im üblichen Sinne oder daß uns »die Arbeit nicht ausgehen« werde. Von seiner ganzen Lage her muß Deutschland den Weg zum Vorrang höchstqualifizierter Arbeit beschreiten. Einen Weg zurück in eine vermeintlich bescheidenere Vergangenheit gibt es nicht.

Wir brauchen also neue Politikansätze – und das bedeutet in vielen Fällen den Rückgriff auf durchaus Bewährtes auf mehreren Gebieten:

- Wettbewerbslage und Konkurrenzfähigkeit,
- Zugänge zum ersten Arbeitsmarkt,
- Initiativen auf alternativen Wegen.

Einen solchen Zugriff auf eine Aufgabe bezeichnet man im Fachjargon gern als »Policy-mix«. Aus vielen Gründen haben sich derartige Cocktails in der Politik eingebürgert, aus guten wie aus weniger stichhaltigen Gründen. Unter den weniger guten Beweggründen sind die folgenden zu nennen:

Man versucht, vermutete Einwände zu beschwichtigen, indem man auf die letzte Konsequenz verzichtet; getreu dem Goethe-Wort »Wer vieles bringt, bringt vielen etwas« wird eine höhere Trefferquote der Maßnahmen angestrebt; schließlich kommen noch die Berücksichtigung der Ansprüche unterschiedlicher Ressorts und die Verteilung von Finanzierungslasten hinzu. Ein »Policy-mix« darf aber nicht zu viele Zutaten enthalten oder verwässert werden, sonst bereitet er Kopfschmerzen oder schmeckt nach nichts mehr. Wichtig ist, daß die ursprünglichen Intentionen deutlich wahrnehmbar bleiben und der Bürger klare Prioritäten der politischen Führung erkennt. Ansonsten erhält er ein falsches Signal und bleibt über die Entwicklungsrichtungen im ungewissen.

Das bedeutet: Zuerst müssen wir mit aller Kraft versuchen, so viel wie möglich gutqualifizierte Arbeit in Deutschland zu übernehmen. Dadurch wird sich das Problem der Arbeitslosigkeit erheblich entschärfen. Danach erst ist über noch verbleibende Notwendigkeiten einer – freiwilligen – Umverteilung von Arbeit zu reden. Finanzielle Entlastungen der Bürger auf anderen Gebieten, steigende Staatseinnahmen bei sinkender Staatsquote und wachsende Realeinkommen werden den Umgang mit der Umverteilungsfrage erleichtern. Alternative Modelle der Erwerbsarbeit, der Arbeit überhaupt, sind in der jetzigen Lage unter dem Gesichtspunkt zu betrachten, daß es vorerst keine erkennbare praktikable oder wünschenswerte Alternative zum Einkommen aus Arbeit gibt. Worum es heute und in naher Zukunft geht, ist, »die große Menge ungetaner Arbeit in bezahlbare und rentable Arbeitsplätze zu verwandeln.«[6]

1 Diese Angaben finden sich bei Hans-Peter Repnik, Deutschland in der Weltwirtschaft des 21. Jahrhunderts. In: Matthias Wissmann (Hg.), Leitbild auch für morgen: Die soziale Marktwirtschaft, München 1998, S. 101–116, die genannten Zahlen dort S. 102–104.

2 Meßgröße waren die effektiv geleisteten Arbeitsstunden pro Kopf der Wohnbevölkerung; Quelle: Kommission für Zukunftsfragen der Freistaaten Bayern und Sachsen, Erwerbstätigkeit und Arbeitslosigkeit in Deutschland. Entwicklung, Ursachen und Maßnahmen, Bonn 1996, Teil I, S. 1.

3 Quelle: Ebd., S. 64 und 72.
4 Hugo Müller-Vogg, Unsere Unsoziale Marktwirtschaft. Vom guten Modell zur traurigen Praxis, Köln 1996; die folgenden Ausführungen stützen sich dort auf S. 135ff.
5 Repnik, S. 109 (vgl. Anm. 1).
6 Wolfgang Schäuble, Und der Zukunft zugewandt, Berlin 1994, S. 136.

Der Staat darf nicht zur Krake werden

Immer mehr Bürger aller Generationen empfinden den Staat als eine Krake, die sie mit unzähligen Armen mehr und mehr umschlingt, bewegungsunfähig macht und schließlich erdrückt. Staatsverschuldung, Steuerlast, Versicherungskosten, Lohnnebenkosten, so lauten die Namen der Arme dieser Krake. Eine der schweren Hypotheken für uns und für die kommenden Generationen ist die Staatsverschuldung. Sie muß baldmöglichst reduziert werden. Andere Länder haben uns in jüngster Zeit gezeigt, daß und wie dies möglich ist. Zu einer solchen Reform gehört unverzichtbar auch ein grundlegender Umbau unseres Steuersystems als politisches Desiderat ersten Ranges während der nächsten Jahre. Ziel ist die aktive Bürgergesellschaft, die wieder mehr Eigenverantwortung praktiziert und das Ausmaß staatlicher Eingriffe neu definiert.

Eine aktive Bürgergesellschaft kann um so größer und vitaler sein, je mehr Ressourcen ihr zur Verfügung stehen. Der Begriff einer solchen Gesellschaft steht daher in direktem logischen Zusammenhang mit Begriffen wie Staatsaktivität, Steuersystem und Staatsquote. Die Bundesrepublik Deutschland wird nur erfolgreich bleiben, wenn der Anteil des Staates am Volkseinkommen sinkt. Dazu muß jedoch geklärt werden, wie in einer modernen Gesellschaft die zahlreichen notwendigen Aufgaben, die heute noch über den Staatshaushalt finanziert oder vom Staat übernommen werden, auch dann erledigt werden, wenn der Staat sich aus diesen Bereichen zurückzieht.

Damit hängen viele Fragen zusammen: Wie etwa soll man die Bereiche definieren, aus denen der Staat sich zurückziehen könnte? Die Formel vom Minimalstaat reicht als Richtschnur nicht aus. Eine hochkomplexe moderne Gesellschaft mit den dazugehörigen ökonomischen und technischen Systemen bedarf einer verläßlichen Infrastruktur, für die zum Teil nur der Staat sorgen kann. Bei aller jetzigen Kritik muß man festhalten, daß das Wachstum des Staates und seiner Regelwerke für den Erfolg der Industriegesellschaften des 20. Jahrhunderts mitverantwortlich ist und eine Vorbedingung dafür war. Die Antwort auf die Überforderung des Staates durch zum Teil selbstakquirierte Zuständigkeiten kann sicherlich nicht lauten, es gebe die Aufgaben, die heute der Staat in so weitreichendem Maße übernommen hat, nicht mehr. Ein Laissez-faire-, Laissez-aller-Prinzip ist heute nicht mehr tragfähig. Eine mögliche Antwort vielmehr lautet, daß Aufgaben in die Hände der Bürger *zurück*gelegt werden – zurückgelegt deshalb, weil viele dieser Aufgaben vor 20 bis 30 Jahren noch zum selbstverständlichen gesellschaftlichen oder individuellen Engagement gehörten.

An der weiträumigen Verschiebung solcher Aufgaben trägt die Politik ein großes Maß an Verantwortung. Über alle parteipolitischen Grenzen hinweg gab es in den 70er und frühen 80er Jahren einen Wettbewerb der Parteien, dem Bürger immer mehr Arbeit und Verantwortung durch den Staat abzunehmen. Dieser Wettbewerb war vergleichsweise einfach, weil sich nur selten eine Bürgerinitiative dafür einsetzt, eine gesellschaftliche Aufgabe noch selbst erfüllen zu dürfen. Der Weg zurück, der jetzt eingeschlagen werden muß, wird daher schwieriger sein. Uns bläst der Wind ins Gesicht, und es geht sozusagen bergan: Logischerweise bildet sich schneller eine Bürgerinitiative gegen die Rücküberweisung einer Aufgabe an den Bürger, als eine, die freiwilliges Engagement nicht nur fordert, sondern auch noch ausübt. Eine zusätzliche Schwierigkeit liegt in der Finanzierung dieses staatlichen Engagements: Der Bürger zahlt nur einen Teil der Rechnung über die Steuern, der andere Teil wird auf dem Wege der Staatsverschuldung an seine Kinder weitergereicht. Denn was der Staat heute an Aufgaben übernommen hat, kann er nicht aus laufenden Einnahmen finanzieren, sondern muß die nächste und übernächste Generation mit in Anspruch nehmen. Es liegt auf der Hand, daß sich dieser Finanzierungsmodus nicht Jahrzehnt für Jahrzehnt fortschreiben läßt. Der Politiker sieht sich heutzutage genötigt, gewissermaßen »gramgebeugt« durchs Land zu gehen und dem Bürger Aufgaben wieder »anzubieten«, die der Staat nicht mehr finanzieren kann, ohne Bankrott zu gehen. Dieser Rückführungsprozeß ist dennoch notwendig und muß dort ansetzen, wo die Stärken einer Gesellschaft im aktiven Engagement ins Spiel gebracht werden können. Mit anderen Worten: Die Chancen müssen ergriffen werden, die in der dringend notwendigen Umstrukturierung liegen.

Zu christlich-demokratischer Politik gehört ein häufig gebrauchter und oft falsch verstandener Begriff, nämlich der der Subsidiarität. In einem freiheitlichen Gemeinwesen überträgt man dem Staat nicht, was in der Gesellschaft selbst erledigt werden kann, und der Bürger verlangt nicht stets die Soforthilfe der Gesellschaft. Das ist keine Frage von Zwang, sondern auch der Selbstbestätigung, der Zufriedenheit der Bürger mit sich selbst. Nicht nur, daß der Staat die kumulierte Fülle der Aufgaben nicht mehr finanzieren (lassen) kann; es läßt sich auch nicht feststellen, daß die Menschen dabei in den letzten 20 Jahren glücklicher oder zufriedener mit ihrem Leben geworden wären. Insofern ist die Rückkehr zu einer aktiven Bürgergesellschaft einerseits eine Notwendigkeit, um den Staat, den wir uns wirtschaftlich leisten können, richtig einzusetzen; andererseits eine Chance, mehr Menschen in unserem Land gesellschaftlich interessante Aufgaben zu übertragen.

Soll diese aktive Bürgergesellschaft Realität werden, müssen in drei zentralen Bereichen staatlichen Handelns tatsächliche Reformen durchgeführt werden:

1. Unser Steuersystem bedarf einer tiefgreifenden Umstrukturierung.
2. Die Staatsverschuldung muß dringend reduziert werden.
3. Unsere Systeme der sozialen Sicherung sind erneuerungsbedürftig.

All diese Reformen hängen logisch miteinander und mit dem Ziel der Schaffung – oder besser Ermöglichung – einer aktiven Bürgergesellschaft zusammen. Ein Weiteres kommt hinzu, weniger leicht faßbar und kaum als direktes Ziel einer Reformgesetzgebung zu formulieren: Wir brauchen einen Wandel der gesellschaftlichen Mentalitäten – im Blick auf Eigenverantwortung und Vorsorge, im Verhältnis zwischen Bürger und Staat, im Verhältnis der Bürger und verschiedenen gesellschaftlichen (Interessen-) Gruppen untereinander. Dieser Wandel kann sich nicht am Ende eines langen Reformprozesses ergeben, er muß parallel zu ihm initiiert werden, beide müssen einander verstärken und tragen. Das bedeutet Umlernen und eine spannende Phase – auch mit Ungewißheiten und Risiken. Der Ertrag wird jedoch den Einsatz lohnen.

Unser Steuersystem bedarf einer tiefgreifenden Umstrukturierung

Von keiner politischen Seite wird bestritten, daß das Steuersystem der Bundesrepublik Deutschland verbesserungsbedürftig sei. An Bemühungen hat es auch nicht gefehlt. Im Vordergrund standen in der Vergangenheit vor allem Entlastungen für bestimmte Bevölkerungsgruppen, meist verbunden mit Belastungen an anderen Stellen. Zu einer grundlegenden Bereinigung des Systems ist es nicht gekommen. Es würde hier zu weit führen, im einzelnen darzulegen, warum bislang keine fundamentale Reform realisiert werden konnte, d. h. eine Veränderung, die an den Grundlagen des Systems rührt, einbegriffen die »psychologischen« Bedingungen des Verhältnisses zwischen Staat und Bürger. Die bisherige Politik der kleinen Schritte schien auszureichen oder zumindest das Äußerste zu sein, was bei Abwägung der Wählerreaktionen, aber auch im Kräftespiel zwischen Bund und Ländern oder mit Rücksicht auf die großen Interessenvertretungen erreichbar war. Die Jahre unmittelbar nach der deutschen Wiedervereinigung mit ihrem enormen Finanzbedarf schienen erst recht nicht geeignet für Experimente zu sein.

Die Union hat in den vergangenen vier Jahren eine historische Chance verpaßt, einen entschlossenen Sprung in ein neues System zu wagen. Zweifellos war dies letzten Endes Schuld der infamen Wahlstrategie Oskar

Lafontaines und der dadurch ausgelösten Bundesratsblockade. Aber es muß festgehalten werden, daß diese Strategie nur durch zwei entscheidende eigene Fehler der Union möglich geworden ist. Der erste Fehler war, die Zeichen der Zeit im Sinne der Notwendigkeit einer radikalen Systemveränderung zu spät erkannt zu haben. Lafontaine konnte diese Reform 18 Monate verhindern, drei Jahre lang wäre es nicht möglich gewesen. Eine zaudernde Führung von CDU und CSU wollte die Reform nicht einmal im Sommer 1996. Nur den von jungen Kräften in der CDU beeinflußten Landesverbänden ist es überhaupt zu verdanken, daß es zu den Beschlüssen des Hannoveraner Parteitages und dann letztlich zu den »Petersberger Beschlüssen« kam.

Der zweite Fehler bestand darin, daß Finanzminister Theo Waigel niemals voll und das Finanzministerium überhaupt nicht zu einer mutigen Reform bereit waren. Ein amerikanischer Finanzminister hätte am Abend der Verkündung der »Petersberger Beschlüsse« zwei von Live-Berichterstattungen begleitete Industrie- und Handelskammervollversammlungen besucht und den Rest der Nacht live im Fernsehen alle telefonischen Fragen beantwortet. Und dies wäre der Auftakt einer nationalen Werbekampagne für eine wirklich gute Reform gewesen, der sich der Blockierer Lafontaine so nicht hätte entziehen können.

Theo Waigel dagegen ging zunächst auf Tauchstation, relativierte dann beim Aschermittwochtreffen der CSU in einer verunglückten Rede mehrfach die Prinzipien der Reform und fiel fortan als glaubwürdiger Vertreter seiner eigenen Reformen aus. Er war offensichtlich von den Bedenkenträgern seines Ministeriums so gesteuert, daß das kalkulierbare Risiko einer grundlegenden Reform auch ihm sichtbar unheimlich war. Spätestens zu diesem Zeitpunkt hätte Helmut Kohl seinen Finanzminister entlassen müssen, um diese Reform zu retten. Doch das überstieg die objektiven Möglichkeiten selbst eines starken Kanzlers einer Koalitionsregierung. So scheiterte die Steuerreform eben auch an der Angst vor einer umfassenden Neuorientierung.

Auf die Frage, ob »man die Wagnisse einer umfassenden Neuorientierung der (Direkt-)Steuerpolitik« eingehen solle oder »ob man sich nicht durch behutsame und revidierbare Schritte einhelligen Zielen nähern kann, ob denn nicht schon die Verbesserung der vorhandenen Besteuerungsinstrumente genügt«, hat der Frankfurter Steuerexperte Professor Joachim Mitschke geantwortet: »Die Steuerpolitik der kleinen Schritte ohne klare programmatische Ausrichtung hat den beklagenswerten Zustand des Steuerrechts herbeigeführt, kann also eben nicht als Erfolgsnachweis dienen.« Die Überlegung liege nahe, »ob es nicht auch aus strategischen Gründen schon klüger ist, für notwendig erachtete Besteuerungskorrekturen als tatsächliche Reformen, also fundamental, anzugehen ...«.[1]

Die jetzt gefundenen Einigungen der rot-grünen Koalitionspartner ignorieren all diese Erkenntnisse. Ein Eingangssteuersatz von 23,9 Prozent und die Beibehaltung eines Spitzensteuersatzes von 53 Prozent ist reaktionär. Sie koppelt die deutsche Steuerpolitik von allen europäischen Wettbewerbsnationen ab, gerade auch von den sozialdemokratisch geführten Ländern. Zugleich raubt die offensichtlich neidbedingte Beibehaltung dieser Steuersätze nahezu jede seriöse Möglichkeit zur Vereinfachung des Systems. Die Briten und alle anderen um uns herum werden sich freuen. So aggressiv hat noch selten eine nationale Regierung die Chancen des eigenen Landes verraten.

Wollen wir als christdemokratische Politiker den entscheidenden Einfluß in Deutschland zurückgewinnen, werden wir für ein einleuchtendes, d. h. verständliches und einfaches Steuermodell eintreten müssen:

- Kleine Schritte sind falsch, denn sie führen nicht nur zu einer Kumulierung von Detailregelungen. Der Politiker verspielt damit auch seinen Kredit bei den Bürgern, weil minimale Entlastungen kaum wahrgenommen und nicht honoriert werden, auf minimale Neubelastungen durch notwendige Umschichtungen jedoch ein Aufschrei der Betroffenen erfolgt. Schließlich setzt sich ein Mißtrauen als Dauerhaltung durch, daß »einem an anderer Stelle sowieso alles wieder abgenommen« werde. Zugleich ist die so erkaufte Wirkung geringfügig, da es innerhalb des komplexen Systems von Steuern, anderen Abgaben und Vergünstigungen aller Art zu enormen Reibungsverlusten kommt. Wenn man Steuern schon als ein Lenkungsinstrument benutzen will – und dies wird in gewissem Umfang notwendig bleiben –, müssen die Signale wenigstens deutlich und wirksam sein. Verheerend wird es auf Dauer sein, wenn als Signal nur noch »Unfähigkeit zur Reform« ankommt.

- Die Regelungsdichte, im Steuerrecht wie auf anderen Gebieten staatlicher Aktivität unseres Staates aus sehr unterschiedlichen Motiven erwachsen – aus einem grundsätzlichen Mißtrauen gegenüber dem Bürger wie aus dem Streben nach der vielbemühten Einzelfallgerechtigkeit – führt zur Intransparenz des Systems. Damit entzieht sich ein wesentlicher Bestandteil der hoheitlichen Aktivitäten dem Verständnis der Bürger. Selbst Experten werfen mitunter das Handtuch vor dieser Undurchschaubarkeit. Nicht umsonst müssen ausgebildete Rechtsanwälte, die sich zum Fachanwalt für Steuerrecht fortbilden wollen, dafür viele tausend DM ausgeben und für viele Wochen Intensiv-Seminare buchen. Eine solche Intransparenz begünstigt eindeutig den Bürger, der über die Ressourcen verfügt, die unzähligen Möglichkeiten zur Steuerersparnis oder völligen Steuerumgehung auszunutzen. Bei gleichem Einkommen und weitgehend identischen Lebensverhältnissen kann es somit zu erheblichen Einkommensunterschieden kommen. Hierin liegt eine grundlegende Ungerechtigkeit des Systems und nicht bei der vorgeblichen Begünstigung der sogenannten Besserverdienenden, wenn es zu einer Senkung der Spitzensteuersätze kommt.
- Es werden falsche Anreize gesetzt, ökonomisch gesehen und – mindestens ebenso bedeutsam – gesellschaftlich und moralisch. Für den gesamtwirtschaftlich produktivsten Einsatz des verfügbaren Einkommens gibt es in der Fülle oft einander widersprechender Anreize und Zwänge keine klare Priorität. Dies führt auch zu einer Zersplitterung des vorhandenen Kapitals und damit zum Verfehlen kritischer Größen für die Wirksamkeit steuerlicher Begünstigungen oder Entlastungen. Außerdem wird die legale Steuervermeidung zu einer Art Sport, ohne daß sich ein schlechtes Gewissen deswegen regen müßte. Der Staat ist selbst schuld, so läßt sich räsonieren, wenn er durch hohe Steuersätze einen Anreiz schafft, die Steuerschuld möglichst ganz abzuwerfen. Hermann Höcherl mußte sich in den 50er Jahren verspotten lassen, als er sagte,

er könne nicht ständig mit dem Grundgesetz unter dem Arm herumlaufen. Der Bundesbürger von heute wird ausgelacht, wenn er nicht stets die neueste Auflage des »Konz« in der Tasche trägt. Diese falschen Incentives sind langfristig betrachtet womöglich das größte Übel, denn sie prägen Verhaltensweisen.

- Hohe Steuersätze reduzieren das privat verfügbare Einkommen. Gewiß können und wollen wir auf zahlreiche staatliche Leistungen und damit auf deren Finanzierung durch Steuern nicht verzichten. Dennoch wird auch hierüber zu sprechen sein. Manche Aufgaben können die Bürger oder private Unternehmer besser, d. h. auch preiswerter erledigen als der Staat. Hinzu treten Einsparungen durch geringere Transaktionskosten: Ganze Bürokratien können verschlankt werden. Auch insofern werden die Spielräume des Bürgers größer; manche Mark, die in seiner Tasche verbleibt, ist dort auch effizienter angelegt, sei es im Konsum, sei es als Investivkapital. Eine scherzhafte Definition dessen, was ein Groschen sei, lautet: »Eine Mark nach Abzug aller Steuern«. Es ist wohl unrealistisch, diese Beschreibung umdrehen zu wollen, doch die Spannbreite, in der man sich bewegen könnte, sollte einen Anreiz bieten.
- Daß hohe nominale Steuersätze auch zu einer Minderung des erzielbaren Steueraufkommens führen können und umgekehrt eine radikale Senkung keineswegs den Staatshaushalt zusammenbrechen läßt, werden wir an den Beispielen von Großbritannien und den USA noch im einzelnen sehen. Vorausgeschickt sei aber, daß unser heutiges Steuersystem erstens die Wettbewerbsfähigkeit der deutschen Wirtschaft und zweitens die Leistungsbereitschaft der Arbeitnehmer bremst. Es ist in einer Zeit entstanden, als die Nationalstaaten noch die Chance hatten, ihre eigene »Steuerwelt« zu definieren. Wenn z. B. das schwedische Folketing heute das System der 60er Jahre noch einmal einführte, wäre das Land binnen weniger Wochen bankrott, weil ausländisches Kapital sofort abflösse. Vor 30 Jahren war das relativ unproblematisch, weil Devisenbewirtschaftung, Außensteuern und Zölle jedem Land eine weitreichende Autonomie in dieser Hinsicht ermöglicht haben. Heute ist das gravierend anders: Eine Steuer ist entweder ein positiver Wirtschaftsfak-

tor, wenn sie besonders niedrig ist, oder sie schadet, wenn sie besonders hoch ist. Versuche, Steuersysteme aus dem Investitionskalkül international operierender Unternehmen herauszulösen und damit als Wettbewerbsfaktor in der globalen Wirtschaft zu neutralisieren, werden sicher nicht weit führen.

- Für den Betrachter aus dem Ausland – nehmen wir an, es handle sich um einen potentiellen Investor – ist unser Steuersystem mit seinen nominalen Sätzen bis 65 oder 68 Prozent in der Addition aller Steuern bis hin zur Gewerbesteuer absurd. Durch die zahlreichen Umgehungsmöglichkeiten ist für diesen Betrachter auch gar nicht nachvollziehbar, wie hoch denn seine Steuerbelastung am Ende tatsächlich wäre: ein ganz entscheidendes Hindernis für die Wettbewerbsfähigkeit Deutschlands. Andere Länder verlangen weniger Steuern und erhalten faktisch womöglich sogar ein höheres Steueraufkommen. Die direkten Folgen trägt zum einen der Arbeitnehmer, da er auf dem internationalen Arbeitsmarkt nicht in gleicher Weise agieren kann wie ein Unternehmen mit seinem Kapital und seinen Produktionsstandorten, aber auch der Unternehmer, besonders der innovationsfreudige.
- Die Sätze unseres Steuersystems sind antiquiert hoch und damit besonders für moderne Industriesektoren leistungsfeindlich, während traditionelle Industrien mit ihrer deutlich geringeren Zukunftsfähigkeit immer noch begünstigt werden. Wenn heute in Deutschland noch jemand auf die Idee käme, eine Eisengießerei aufzubauen, dann hätte er einen hohen Kapitaleinsatz für Grund und Boden, für Gebäude, Maschinen etc. Dank der daraus resultierenden enormen Abschreibungsmöglichkeiten läßt sich in den ersten Jahren die Ertragslage gegenüber dem Fiskus so gestalten, daß relativ wenig Steuern zu zahlen sind. Aus den Erträgen läßt sich somit Eigenkapital bilden und das Unternehmen besser gegen Konjunkturrisiken absichern. Wenn dagegen einige junge Leute ein Softwareunternehmen gründen, das in Deutschland die größeren Zukunftschancen hat, mieten sie ihre Räume, arbeiten mit geleasten Computern und haben kaum Abschreibungsmöglichkeiten. Das bedeutet aber nach unserem heutigen Steuersystem, daß sie im ersten erfolgreichen Jahr

mehr als die Hälfte ihres Einkommens an Steuern zahlen müssen. Die Eigenkapitalbildung, traditionell schon ein Schwachpunkt der deutschen Wirtschaft, wird damit ungemein erschwert.

- In einer Zeit wachsender Herausforderungen durch den weltweiten Wettbewerb läuft Deutschland »ein Rennen mit angezogener Handbremse.« Offensichtlich beabsichtigen Rot und Grün, die Bremse noch fester anzuziehen, anstatt die Zeichen der Zeit zu verstehen, nämlich daß nicht Beschäftigungsprogramme und neue Abgaben Arbeitsplätze schaffen und die Wettbewerbsfähigkeit eines Landes stärken, sondern Innovation und Wachstum der Wirtschaft. Und dies ist eigentlich keine Frage einer bestimmten politischen Ausrichtung, wie man z. B. an unseren Nachbarländern Österreich oder den Niederlanden beobachten kann. Dort hat man gelernt, daß ein sozialer Staat sich nicht nach seinen hohen Steuersätzen und der disponiblen Umverteilungsmasse bemißt.
- Und nicht nur die Unternehmer sind betroffen. Wer heute Schwierigkeiten damit hat, einen Mitarbeiter zu Mehrarbeit zu bewegen, erkennt, welches falsche Signal die Arbeitnehmer durch die hohen Progressionsraten erhalten: Sie wissen, daß sie mehr für den Staat als für sich arbeiten. Wenn ein Arbeitgeber eine Mitarbeiterin oder einen Mitarbeiter auffordert, statt fünf Stunden in Zukunft sieben Stunden täglich zu arbeiten, dann wird die betroffene Person nach dem ersten Monat bemerken, daß sie zwar 2/5 mehr arbeitet, aber nicht einmal 1/5 mehr verdient. Diese Botschaft wirkt demotivierend – unabhängig von der Einkommenssituation. Der Bund der Steuerzahler veröffentlicht einen Kalender, der anzeigt, an welchem Tag des Jahres man anfängt, für sich zu arbeiten. Bei einem Durchschnittsverdiener liegt die magische Linie wegen der hohen Staatsquote schon dicht an der Jahresmitte. Das eigentliche Problem besteht aber darin, daß jede Einkommenssteigerung einen derartigen Anstieg der Belastung – gemessen an dem Mehrverdienst – bedeutet, daß der durchschnittliche Arbeitnehmer durch Mehr-Leistung kaum Mehr-Einkommen erzielen kann. Er wird sich im Gegenteil bei jeder Lohnerhöhung bestraft fühlen, wenn von 100 DM mehr Gehalt oder Lohn 60 DM in die Gemeinschaftskasse ge-

hen. Seine Lage verschlechtert sich sogar, wenn er durch eine solche Erhöhung noch bestimmte Einkommensgrenzen staatlichen Transfers überschreitet und dadurch etwa BAFöG, Kindergeld oder Wohngeld wegfallen.

Eine Steuerreform ohne sichtbare Nettoentlastung kann nicht funktionieren. Der unter statischen Bedingungen errechenbare Nettoverlust des Staates an Steuereinnahmen wird dabei höher sein als der tatsächliche Verlust, wie die nachfolgenden Beispiele des Auslandes zeigen. Aber ohne eine Vorleistung des Staates bei dem prozentualen Staatsanteil am Volkseinkommen wird es nicht möglich sein, das Volkseinkommen so wachsen zu lassen, daß der Staat aufgrund des Wachstums bei niedriger prozentualer Beteiligung mehr Geld als zuvor in die Kasse bekommt.

Damit wird der Umfang der Reformaufgabe klar – und zugleich auch ihre Verflechtung mit den anderen angestrebten Reformen, d. h. dem Abbau der Staatsverschuldung, dem Umbau der Sozialsysteme und dem übergeordneten Ziel, eine aktive Bürgergesellschaft als Chancengesellschaft zu ermöglichen. In anderen westlichen Industrienationen – mit denen wir auch zu konkurrieren haben – sind Politik und Gesellschaft durchaus bereit, neue Wege zu gehen.

Das Beispiel Großbritannien: mit Steuerreform in die schwarzen Zahlen

Das Erfolgsrezept Großbritanniens lautet: niedrige Steuersätze auf der einen, wenig Ausnahmen auf der anderen Seite und damit eine breitere Bemessungsgrundlage. Der Eingangssteuersatz beträgt 20 Prozent, der Basissatz 23 Prozent, der Spitzensteuersatz 40 Prozent. Dabei gilt ein Stufentarif. Eine sogenannte kalte Steuerprogression durch Inflation wird in England durch entsprechende Indexierung von Einkommensgrenzen und Freibeträgen verhindert. Von letzteren gibt es nur wenige, z. B. einen auf die Einzelperson und auf die Familie bezogenen. Auch Beiträge zur Betriebsrente sind steuerfrei, ebenso bis zu einer gewissen Grenze Zinseinnahmen auf die allgemein üblichen Spareinlagen.

Im Endergebnis profitiert Großbritannien als Wirtschaftsstandort: Die gesamtwirtschaftliche Abgabenquote gemessen am Bruttoinlandsprodukt liegt bei 37,7 Prozent, in Deutschland dagegen bei 42,7 Prozent. Für Deutschland bedeutet dies zukünftig einen Steuerwettbewerb innerhalb der Europäischen Union. Eine Vergleichsrechnung des Zentrums für Europäische Wirtschaftsforschung in Mannheim zeigt Großbritannien an der Spitze: Eine Kapitalgesellschaft zahlt dort etwa 38 Prozent weniger Steuern als bei uns, ca. 30 Prozent weniger als in den USA (!) und 14 Prozent weniger als in den Niederlanden. In Frankreich ist die Belastung sogar noch höher als hierzulande.

Dabei steht sich die Staatskasse nicht schlecht mit dem neuen System, denn für 1999 wird sogar ein Haushaltsüberschuß für möglich gehalten. »In Großbritannien«, so das Handelsblatt, »ist der Finanzminister tatsächlich populär.«[2]

Das Beispiel USA: Man kann aus der Geschichte lernen – wenn man will![3]

Nach dem amerikanischen Ökonomen Laffer ist eine Kurve benannt, die Laffer-Kurve. Sie ist eine nach unten geöffnete Parabel und zeigt das Steueraufkommen in Abhängigkeit vom Steuersatz. Bis zu einem bestimmten Steuersatz steigen die Steuereinnahmen, um von da an zu sinken – als Folge von Ausweichbewegungen, Steuerhinterziehung und Schädigung der Leistungsfähigkeit einer Volkswirtschaft.

Daß dies nicht graue Theorie ist, zeigt die Geschichte der Steuerpolitik in den USA. Seit den 20er Jahren läßt sich dort ein direkter und unmißdeutbarer Zusammenhang zwischen niedrigen Steuersätzen, positivem Wirtschaftswachstum, steigenden Einkommen und gefüllter Staatskasse beobachten. Die Zusammenhänge sind um so eindeutiger, als verschiedene amerikanische Präsidenten sich nicht scheuten, die Steuersätze viel radikaler anzuheben oder abzusenken, als dies bei uns jemals der Fall gewesen ist.

Unter den Präsidenten Warren Harding und Calvin Coolidge wurde der Spitzensteuersatz in drei Schritten von 73 auf 25 Prozent gesenkt. Das

Resultat: Von 1921 bis 1929 wuchs die amerikanische Wirtschaft um 59 Prozent, während die Einnahmen aus der Einkommensteuer um mehr als 60 Prozent wuchsen, all das ohne Inflation. Unter Präsident Ronald Reagan kam es in den 80er Jahren zu einer vergleichbar konsequenten Steuerreform, nämlich einer Absenkung des Spitzensteuersatzes von 70 auf 28 Prozent. Die Ergebnisse waren ganz ähnlich: Die Wirtschaft begann wieder zu wachsen, zugleich stiegen die Steuereinnahmen erheblich an, nämlich um inflationsbereinigte 28 Prozent von 1983 bis 1989. In beiden Fällen waren es übrigens die bei uns so genannten Besserverdienenden, die die Hauptlast an dem wachsenden Einkommensteueraufkommen trugen. Umgekehrt waren die Amtszeiten von Herbert Hoover, Franklin Roosevelt oder George Bush keine Blütezeiten der amerikanischen Wirtschaft: Jedesmal wurden erhebliche Steigerungen der Steuersätze ausgetestet.

Während dieser Experimente beging man in den USA dieselben Fehler, wie sie in Deutschland gang und gäbe sind, und saß denselben Vorurteilen auf wie wir, nämlich daß von Steuererleichterungen immer nur »die Reichen« profitieren und daß man im wesentlichen nicht mehr tun könne, als umzuverteilen. Der Unterschied zwischen den USA und der Bundesrepublik Deutschland: der Mut jenseits des Atlantiks, Steuern auch wieder drastisch zu reduzieren. Im übrigen sind die USA derzeit dabei, ihren Haushalt dauerhaft in die schwarzen Zahlen zu bringen.[4]

Und noch ein Unterschied – diesmal auf der Ebene der gesellschaftlichen Mentalitäten – ist relevant für den Versuch einer tiefgreifenden Steuerreform in Deutschland: Während des Booms unter Ronald Reagan stiegen die Einkommen aller Einkommensgruppen an. Die Höhe der prozentualen Steigerungen war allerdings direkt proportional zur Einkommenshöhe, der Zuwachs bei den 20 Prozent Spitzenverdienern betrug, in Prozenten wohlgemerkt, viermal so viel wie bei den kleinsten Einkommen. In absoluten Zahlen war der Unterschied natürlich noch dramatischer. In Deutschland wäre dies für einen beträchtlichen Teil des politischen Spektrums und der Wählerschaft völlig inakzeptabel, denn in unserem Land zählt für viele Menschen nicht das, was sie tatsächlich mehr im Geldbeutel haben könnten, sondern was sie vergleichsweise weniger als ein anderer darin haben würden. Diese fiktive Bezugsgröße, schlicht auch mit Neidfaktor zu benennen, reduziert die praktischen Spielräume jeglicher Steuer- und überhaupt jeder weitergehenden gesellschaftlichen Reform.

Unter diesen schwierigen immateriellen Rahmenbedingungen und trotz der materiellen Lasten der deutschen Wiedervereinigung hat die CDU in den 90er Jahren substantielle Konzepte für eine Steuerreform hervorgebracht. Letztlich liefen die Empfehlungen bei allen Initiativen – unabhängig von unterschiedlichen Positionen zu technischen Details – auf die bereits bekannte Forderung hinaus: geringere Steuersätze, Abschaffung von Vergünstigungen und Ausnahmen, Verbreiterung der Bemessungsgrundlage.

Professor Peter Bareis, vom damaligen Finanzminister Theo Waigel 1994 mit der Leitung einer unabhängigen Kommission zur Reform der Einkommensteuer beauftragt, stellte folgende Postulate auf:

- Die Steuersätze für alle müssen drastisch gesenkt werden.
- Steuerbefreiungen und -ermäßigungen sowie die Abziehbarkeit von Sonderausgaben und außergewöhnlichen Belastungen sind abzuschaffen.
- Das Ausufern von Staatsausgaben ist gleichfalls energisch einzudämmen.
- Anzustreben ist eine neue »Kultur der Selbständigkeit« des Bürgers.
- Die Umverteilung von Einkommen findet ihre Grenze im Subsidiaritätsgedanken.
- Insbesondere mit der Einkommensteuer dürfen keine andersartigen sozialen oder sonstigen Lenkungszwecke verbunden werden.
- Das Steuersystem darf nicht zu Verzerrungen bei den – auch privaten – Marktentscheidungen der Bürger führen.[5]

Dies sind in nuce die Vorbedingungen materieller und immaterieller Art für die Förderung einer aktiven Bürgergesellschaft über ein reformiertes Steuersystem. Der damalige wirtschaftspolitische Sprecher der CDU/CSU-Bundestagsfraktion, Gunnar Uldall, setzte ganz ähnliche Prioritäten, auch wenn er sich in der Frage, ob ein linear-progressiver oder ein Stufentarif anzuwenden sei, von Bareis und anderen unterschied.[6]

Mit den sogenannten »Petersberger Beschlüssen« vom Januar 1997 liegt eine auch für die zukünftige Diskussion tragfähige Basis vor.[7] Ausgehend von derselben Problemerkenntnis – zu hohe Steuersätze, mangelnde Steuergerechtigkeit, negative Auswirkungen auf die Schaffung von Arbeitsplätzen – schlug die Steuerreform-Kommission u. a. die Senkung verschiedener Steuertarife vor: Betroffen waren davon Einkommen-, Körperschaft- und Kapitalertragsteuer sowie der Solidaritätszuschlag. Zur Verbreiterung der Bemessungsgrundlage wurden sowohl für Gewerbetreibende als auch Arbeitnehmer die unterschiedlichsten Vergünstigungen, Steuerbefreiungen und Abschreibungsmöglichkeiten reduziert, wenn auch nicht mit letzter Konsequenz. Damit wäre es auch zu einer nennenswerten Nettoentlastung der Steuerzahler gekommen, während die möglichen positiven Effekte für das Steueraufkommen natürlich nicht genau abzuschätzen waren und sich auch nicht sofort eingestellt hätten.

Das Ergebnis der Bundestagswahl vom 27. September 1998 macht diese Konzepte nicht zu Makulatur. Vielmehr wird es sich lohnen, sie als Gegenbild zu Leistungsfeindlichkeit, Neidprinzip und zwangsweiser Lenkung der Gesellschaft durch Steuererhebung fortzuschreiben.

Die Minimalanforderungen an ein Steuersystem der Zukunft lassen sich recht knapp fassen:

- Die nominalen Steuersätze dürfen nicht signifikant höher sein als in unseren Hauptwettbewerbsländern.
- Die Progression muß so gemäßigt sein, daß die Bürger an jedem Punkt der Tarifskala mehr als 50 Prozent von einem erarbeiteten Mehrverdienst für sich behalten können.
- Zugleich muß der Bürger die Chance erhalten, über die Fairneß des Systems zu urteilen. Dazu gehört dann auch, daß Steuerhinterziehung effektiver verfolgt und geahndet wird.

Einen leichten Weg zu einer wirklichen Steuerreform wird es in der Bundesrepublik Deutschland nicht geben. In den öffentlichen Haushalten sind große Umschichtungen unvermeidlich, abgesehen von den möglichen finanziellen Risiken in den ersten Jahren der Umstellung. Auch der potentielle Widerstand einer Unzahl von Interessengruppen muß überwunden, werden. Auf jeden Fall muß eine Reform in wenigen Schritten erfolgen: Tarifsenkung und Verbreiterung der Bemessungsgrundlage müssen eng synchronisiert sein; die Wirtschaft darf nicht das lähmende Signal langsamen Vorangehens erhalten; die Spitzensteuersätze müssen mit einem Mal unter die 40 Prozent-Marke gesenkt werden. Als Fernziel ist ein System anzustreben, in dem niemand mehr als ein Drittel seines Einkommens an den Staat abgeben muß. Dies bedingt natürlich Ausgabendisziplin seitens des Staates, Abbau der Staatsverschuldung und einen Umbau zahlreicher sozialer Systeme. Die Bereitschaft, sich auf diese Debatte einzulassen, scheint jedoch in den letzten Jahren gestiegen zu sein.

Bei allem Verzicht auf systemwidrige Lenkungsaufgaben sind in unserem Steuersystem auch nach einer Reform gewisse Prinzipien zu beachten. Ein klassisches Beispiel ist das Ehegattensplitting. Hier wird man keinesfalls von einer abzuschaffenden Vergünstigung sprechen dürfen, denn es handelt sich um die bewußte, vom Grundgesetz postulierte politische Entscheidung, daß Ehe und Familie den besonderen Schutz und die Fürsorge des Staates genießen. Diese Forderung ist in unser Steuerrecht integriert worden, um Ehepartnern und Eltern eine Entscheidungsmöglichkeit über die Erwerbsarbeit und -intensität innerhalb der Familie zu geben und dies steuerlich anders zu behandeln als bei Ledigen. An diesem Prinzip ist nicht nur aus Rücksicht auf die Verfassung festzuhalten, sondern auch im Blick auf unseren Grundsatz, Ehepaaren diese Entscheidungsfreiheit zu lassen. Die Intensität von Erwerbsarbeit wird sich in Zukunft in den Biographien auch von Ehepartnern eher wechselhafter gestalten. Deswegen muß – vor allem im Hinblick auf niedrige Familieneinkommen – auch eine Ausweitung des Ehegattensplitting auf ein Familiensplitting vorstellbar sein.

Die Abschaffung der Vermögens- und der Gewerbekapitalsteuer durch die Regierung Kohl ist unter dem Aspekt zu sehen, daß es ökonomisch unklug ist, vorhandene Substanz einer Steuer zu unterziehen, ohne den wirtschaftlichen Ertrag zu betrachten. Es wird sich zeigen, welche Folgen es haben wird, wenn die bei SPD und Grünen ventilierten Pläne, diese Steuern wiederzubeleben, in die Tat umgesetzt werden sollten. Der größte Teil der Vermögenssteuer war wegen der zu hohen Steuersätze ohnehin verfassungswidrig. Die Vermögenssteuer betrifft in unserem Land häufig Menschen, die Kapital langfristig angelegt haben, z. B. als Miteigentümer von

Unternehmen, denen sie nicht regelmäßig Gewinne entziehen können. Wenn sie trotzdem Steuern auf dieses Vermögen zahlen müssen, entsteht das Risiko, daß ihre Liquidität nicht ausreicht, die staatlichen Verpflichtungen zu bedienen, und sie deshalb das Unternehmen nicht mehr mit Kapital ausstatten können oder ihm auch ohne Ertrag sogar Kapital entziehen müssen. In letzter Konsequenz läuft eine solche Besteuerung erst auf eine Schwächung der Unternehmen und dann auf eine »kalte Enteignung« hinaus.

Die private Vermögenssteuer trifft vor allem die Immobilienvermögen. Dabei wird unter dem Namen Vermögenssteuer auch die Grundlage privater Altersvorsorge angetastet. Wenn man nicht vom Neidprinzip ausgeht, gibt es heute für eine Vermögenssteuer weder bei Unternehmen noch bei Privaten eine hinreichende Begründung. Daher muß es bei dem Prinzip bleiben, Steuern auf das tatsächliche Einkommen der Menschen zu erheben, auf den Zuwachs. Für eine Vermögenssteuer gibt es keinen Platz mehr.

Ebenso bedarf es in einem erheblich vereinfachten Steuersystem keiner Debatte über eine Mindeststeuer. Eine solche würde nur dann Sinn machen, wenn man den ganzen Dschungel von Abschreibungsmöglichkeiten beließe, um schließlich gegen die selbstgesetzten Abschreibungsregeln einen Mindestbestand zu definieren. Eine Mindeststeuer wäre damit letztlich wieder nichts anderes als eine Besteuerung von Unternehmen oder Selbständigen ohne Berücksichtigung ihrer tatsächlichen Gewinnsituation während des Steuerjahres.

Bereits auf der Grenzlinie zur noch zu diskutierenden Umstrukturierung, d. h. einer erheblichen Vereinfachung, unserer sozialen Transfersysteme sind Vorschläge zu einer negativen Einkommensteuer angesiedelt. Dies wurde ja, auch unter dem Namen Bürgergeld, schon in den 70er und 80er Jahren debattiert. Hier ist für die Zukunft noch Spielraum für weitere gestalterische Phantasie. So muß man sich nicht darauf beschränken, das Stigma der Sozialhilfe abzubauen und ihrem möglichen Mißbrauch vorzubeugen. Denkbar ist auch eine Grundausstattung des Bürgers mit einem bestimmten, nicht rückzahlbaren Startbetrag, den er für Existenzgründungen oder als Berufsanfänger zum Aufbau einer Basisvorsorge verwenden könnte.

Was wird von den erfolgreichen Ansätzen zu einer Steuerreform und einer Revitalisierung unserer Gesellschaft nach dem vorläufigen Machtwechsel in Bonn übrigbleiben? Für eine Prognose anhand konkreter Vorhaben ist es zu früh; stützt man sich auf die unterschiedlichsten und widersprüchlichen Absichtserklärungen der Koalitionspartner, jene ihrer Vertreter inbegriffen, die ihre Partei immer wieder in tödliche Verlegenheit bringen, könnte die Vorausschau ein düsteres Bild zeigen.

Die Grenzlinien der politischen Vernunft ziehen sich allerdings auch durch die rot-grüne Koalition. Keineswegs war die Blockade des sehr moderaten letzten Reformpakets der Regierung von Helmut Kohl durch den rot/grün-dominierten Bundesrat Ausdruck einer einheitlichen Ablehnung. Im Gegenteil: Politischen common sense gibt es auch in der SPD, selbst wenn er sich nicht bei den tatsächlichen Machtproben durchsetzen kann. Der Managerkreis der Friedrich-Ebert-Stiftung, die wirklich nicht im Verdacht steht, eine konservative Ideenfabrik zu sein, und der ehemalige Wirtschaftsminister von Schleswig-Holstein, Uwe Thomas (SPD), haben erst kürzlich radikale Steuersenkungen und im Gegenzug einen Kahlschlag bei den Ausnahmeregelungen befürwortet.[8]

Damit folgten sie einem durchaus bemerkenswerten Entwurf von Thilo Sarrazin (SPD), ehemals Staatssekretär im Finanzministerium von Rheinland-Pfalz. Sarrazin plädierte ebenfalls für niedrige Sätze, Reduzierung der Ausnahmen und damit eine Verbreiterung der Bemessungsgrundlage.[9] Bemerkenswert an seinem Beitrag war, daß er in vielen Details und letztlich auch im Grundsatz den Vorschlägen des CDU-Bundestagsabgeordneten Gunnar Uldall folgte, der schon im Januar 1995 einen Vorschlag für eine vereinfachte Einkommen- und Körperschaftssteuer vorgelegt hatte. Auffällig auch: Sarrazin weist unmißverständlich darauf hin, daß mit einem derart vereinfachten Steuersystem keine Wirtschaftslenkung im herkömmlichen Sinne mehr möglich sein wird.

Bisher haben wir uns stattdessen eine unübersehbare Vielzahl von Steuern, Abgaben und Vergünstigungen geleistet, deren ursprünglicher Zweck und Legitimation zum Teil längst vergessen sind und deren Steuerungseffekt durch die anderen Abgaben ohnehin konterkariert wird. Beim Bürger stellt sich unterdessen ein Gefühl der Gleichgültigkeit ein: Er kann sowieso nichts machen, um neuen Abgaben zu entgehen – auch dies ein Beitrag zur Staatsverdrossenheit!

Leider gehört auch die aktuelle Debatte um die sogenannte Ökosteuer von Rot-Grün in diese Kategorie. Die sorgsam verteilten Pfennige über jede Art von Energie haben selbstverständlich keinen soliden Lerneffekt. Sie sind reinrassige Geldschneiderei mit vielen versteckten Nebeneffekten. So werden durch diese neuen, angeblich »moralischen« Abgaben besonders die belastet, bei denen die Energiekosten am Gesamtbudget relativ am höchsten zu Buche schlagen. Das sind Alleinerziehende, Rentner, Pendler usw. Diese Gruppen werden weit mehr zusätzlich zahlen, als sie durch jede denkbare Senkung ihrer Lohnnebenkosten zurückbekommen. Eine solche Steuerreform bezahlt der Kleinverdiener.

Dabei kann man über ökologische Lenkungsmechanismen auf lange Sicht durchaus sprechen. Entscheidend ist, daß sie zeitlich mit einer Reduzierung der Staatsquote eingeführt werden. Nur so können sie marktwirtschaftlich wirken, ohne zusätzliche Lasten aufzubauen. Zudem muß ein Konzept der Energiepreisverteuerung immer europäisch sein, denn wir haben heute schon die höchsten Energiepreise in der Europäischen Union. Im Alleingang und ohne Reduzierung der Staatsquote greift die sogenannte ökologische Steuerreform nicht nur dem »kleinen Mann« in die Tasche, sondern zerstört möglicherweise auch noch seinen Arbeitsplatz.

Über der vielschichtigen Debatte um die Einzelheiten einer Steuerreform darf nicht vergessen werden, daß eine Steuerreform nur vordergründig eine Sache der Finanztechnik ist und daß auch der an sich erfreuliche Entlastungseffekt seinen eigentlichen Wert nicht ausschließlich aus seiner tatsächlichen Höhe ableitet. Wichtig ist, daß unsere Politik dem Bürger zutraut, mit seinem Geld verantwortungsbewußt umzugehen. Als vor einigen Jahren zum ersten Mal im Lotto ein Jackpot von etwa 35 Millionen DM aufgelaufen war und die Lottospieler begreiflicherweise diesem möglichen Gewinn entgegenfieberten, wurden sofort Stimmen von sozialdemokratischen Politikern laut, die Höhe der Lottogewinne zu begrenzen. In Wirklichkeit gehen praktisch alle Gewinner mit ihrem neuen Wohlstand äußerst vernünftig um. Für die Zukunft gilt es, daß der Staat seine Begehrlichkeit zügelt: Seine Einnahmen können sich nicht nach den gewünschten Ausgaben richten, auch nicht nach dem, was Wirtschaft und Bürger hergeben (könnten). Ansonsten wird man in naher Zukunft dem Vorschlag von Peter Bareis folgen und über »konstitutionelle Schranken für die Steuererhebung nachdenken« müssen.[10]

Wenn von einem wachsenden volkswirtschaftlichen Einkommen jeweils nur ein Teil des Zuwachses in die staatliche Haushaltsplanung eingingе, wäre dies schon eine erfreuliche Trendwende. Der Bundeshaushalt hat dies in den letzten Jahren mit beachtlicher Disziplin vorgeführt. Im Land Hessen z.B. wurde dies nicht getan. Dort scheiterte eine grundlegende Reformpolitik daran, daß man glaubt, auf keine Mark Steuergelder verzichten zu können.

Wichtig ist – auch im Blick auf die weitere Perspektive einer aktiven Bürgergesellschaft –, daß eine Reform im Dialog zwischen Staat und Bürger verwirklicht werden kann, ohne daß der direkte materielle Vorteil für den Steuerzahler das Hauptargument sein müßte. Wenn der Bürger sieht, daß die anderen Vorteile einer Steuerreform auch ihren Wert an sich haben, z. B. größere Steuergerechtigkeit und Schaffung von Freiräumen, wäre dies ein großer Schritt für die Reife unserer politischen Kultur. Mindestens ebenso hoch wäre es dann zu veranschlagen, wenn mit dem Wegfall der zahlreichen Möglichkeiten, »dem Staat« ein Schnippchen zu schlagen, auch die Einübung in eine Untertanenmentalität wegfiele. Auch an dieser entscheidenden Stelle würden damit bessere Voraussetzungen für ein neues, »erwachseneres« Verhältnis des Bürgers zum Staat geschaffen. Die Politik muß den Mut zu dieser Reifeprüfung haben.

Die Staatsverschuldung muß dringend reduziert werden – Schuldenfreiheit statt Deficit-spending

Deutschland sieht sich am Ende dieses Jahrhunderts mit einer Staatsverschuldung in Höhe von rund 60 Prozent seines Volkseinkommens konfrontiert, einer Verschuldung, die ohne Krieg oder große wirtschaftliche

Not – sozusagen nebenbei – in den Jahren des Wohlstandes von der Mitte der 60er Jahre bis heute aufgebaut wurde. Da ist es nur ein schwacher Trost, daß wir die Krankheit des »Über-die-Verhältnisse-lebens« mit allen vergleichbaren Demokratien teilen. Heute befinden wir uns in einem Wettbewerb, wer wann und wie aus diesem Teufelskreis der Verschuldung herauskommt. Den USA und Großbritannien scheint dies in allernächster Zukunft zu gelingen. Wie ist die Politik der 60er und 70er Jahre überhaupt in diesen Teufelskreis hineingeraten? Und was bedeutet »deficit-spending« am Ende?

Westdeutschland in Gestalt der Bundesrepublik Deutschland wurde von der Kriegsgeneration mit Krediten der Siegermächte des Westens, die aus heutiger Sicht eher gering waren, aus Trümmern wieder aufgebaut. Noch Mitte der 60er Jahre konnte der jeweilige Bundesfinanzminister Nettoüberschüsse anstatt Nettoneuverschuldungen in seinem Haushalt verbuchen.

Wendepunkt dieser Entwicklung zum Negativen sind die Rezession von 1967 und die Bildung der Großen Koalition von CDU und SPD in Bonn gewesen. Zu diesem Zeitpunkt wurden die Theorien des britischen Ökonomen John Maynard Keynes über die nachfrageorientierte staatliche Konjunktursteuerung fast Allgemeingut der Wissenschaft und Doktrin der offiziellen Regierungspolitik. Diese, in der Bundesrepublik Deutschland mit den Namen Karl Schiller und Franz Josef Strauß verbundene Politik zeitigte zunächst die gewünschten Ergebnisse – logischerweise, wie man heute sagen muß. Dem Staat gelang es nämlich damals in einem Zustand nahezu ohne Schulden, Nachfrageimpulse auszulösen, die die Wirkungen des Konjunkturzyklus abflachten und verkürzten, ohne daß durch zu hohe Staatsschulden bedeutsame andere negative Effekte ausgelöst worden wären.

In den darauf folgenden zwei Jahrzehnten hat sich die Politik genau dieses Effektes selbst beraubt. Jeder heute auszulösende Nachfrageimpuls ist nur durch noch höhere Verschuldung zu erreichen und neutralisiert inzwischen mit seinen negativen Auswirkungen auf Staatsverschuldung, Zinsentwicklung und Angst vor weiteren Steuererhöhungen den gewünschten positiven Konjunktureffekt. Der Staat erdrückt immer mehr – und langfristig – private Initiativen. Wer also heute das 1967 wirksame Instrument des

»deficit-spending« nutzt, erreicht nur eine weitere Staatsverschuldung, dem Teufelskreis entkommt er damit nicht.

Der Grund für das Scheitern dieses Modells der Konjunkturbeeinflussung in Marktwirtschaften liegt in den politischen Rahmenbedingungen einer marktwirtschaftlichen Ordnung, nämlich in der demokratischen Verfaßtheit dieser Gemeinwesen. Voraussetzung für das dauerhafte Funktionieren des Keynesschen Modells wäre die Fähigkeit der politisch Verantwortlichen, die zur Auslösung von Impulsen gewährten Vergünstigungen in der folgenden Hochkonjunkturphase wieder abzuschaffen. Vor dieser Aufgabe haben die Politiker in Deutschland und allen vergleichbaren westlichen Demokratien fast zwangsläufig versagt.

Der staatliche Einfluß auf die Wirtschaft in den modernen Demokratien ist so hoch – oder scheint es zu sein –, daß die Wähler die Politik für wirtschaftliche Konjunkturentwicklungen zumindest mitverantwortlich machen. Einen Grund dafür liefern die Politiker selbst, wenn sie in ihren öffentlichen Äußerungen jede Konjunkturbelebung ihrem Konto gutschreiben. Politische Mehrheiten stehen also in Krisenzeiten unter Druck. Ist die Krisenzeit bewältigt, wollen die Bürger die Entlastung von einer großen Sorge genießen und nicht schon wieder ihre persönlichen Lebensumstände behelligende Botschaften und Entscheidungen hören. Will eine politische Mehrheit, die gerade eine Krise überwunden hat, nicht im Erfolg abgewählt werden, folgt sie diesem Wunsch der Bürger. Folgt sie ihm aus sachlicher Einsicht nicht, so hat die Opposition große Chancen, mit der Zusage des Verzichtes auf die Rücknahme von Vergünstigungen die Regierung abzulösen. In jedem Fall bleiben die in Krisenzeiten gewährten Vergünstigungen in der Hochkonjunktur bestehen. Und bei der nächsten Krise müssen, will man Nachfrageimpulse setzen, zusätzliche Vergünstigungen geschaffen werden usw. Das Ergebnis nennt die Deutsche Bundesbank den »Teufelskreis der Staatsverschuldung«.

So wuchs in den vergangenen Jahrzehnten mit den unterschiedlichsten Begründungen von Krise zu Krise der Gesamtbestand an Subventionen und anderen mit Lenkungsabsicht vergebenen Vergünstigungen. Allein von 1970 bis 1992 hat sich die Gesamtsumme der Subventionen des Staates mehr als verfünffacht, von etwa 11 Milliarden DM auf rund 59 Milliarden DM. Verbunden war damit unter anderem eine dramatisch ansteigende Beschäftigungszahl im öffentlichen Sektor, wodurch – anfänglich weniger sichtbar, auf Dauer aber mit dramatischen Konsequenzen verbunden – immer mehr Bereiche der Wirtschaft den Anschluß an kostendeckende Preise verloren und die Effizienz der Staatsverwaltung zunehmend geringer wurde.

Die Kosten der Beseitigung der Erblasten des Sozialismus seit der deutschen Wiedervereinigung und die Kosten der Erblasten der Wohlstandspolitik der letzten 25 Jahre zusammen machen die Größe der heutigen Herausforderungen aus. Übrigens: Ohne die Erfolge der Politik des damaligen Finanzministers Gerhard Stoltenberg, der schon 1982 erfolgreich den ersten Versuch unternahm, die Nettoneuverschuldung abzubremsen und die Staatsquote abzusenken, hätte der Wohlstandstransfer nach der deutschen Wiedervereinigung ökonomisch nicht verkraftet werden können. Im Vergleich zu dieser Herausforderung gab es 1970 noch idyllische Zeiten. Die Schuldenquote in allen öffentlichen Haushalten stieg von 18,2 Prozent im Jahre 1970 schon bis zum Jahre 1990 auf 43,2 Prozent an, und unter dem Einfluß der Kosten der Wiedervereinigung und der Konsolidierung der Schattenhaushalte kletterte sie im Jahre 1995 auf über 62 Prozent. Dabei ist zu beachten, daß der Anteil des Bundeshaushaltes an dieser Verschuldung im Jahre 1970 7,1 Prozent betrug und bis 1995 auf 23,5 Prozent gestiegen ist.

Schon daraus wird deutlich, daß die Anstrengungen alle staatlichen Ebenen, Bund, Länder, Kommunen und auch die Sozialversicherungssysteme gleichermaßen betreffen. Die logische Folge dieser Entwicklung ist, daß im Jahre 1970 4,5 Prozent der gesamten Steuereinnahmen für die Zahlung von Zinsen ausgegeben werden mußten, während es 1995 schon 18 Prozent waren. In einem Bundesland wie Hessen müssen inzwischen über 90 Prozent der Steuereinnahmen des Landes für Zinsen, Tilgung und Personalausgaben verwandt werden. Deutlicher läßt sich die Dramatik wohl kaum kennzeichnen.

Diese negative Entwicklung ist untrennbar mit einer zunehmenden Verlagerung des Arbeitsvolumens hin zum Staat verbunden. Das Arbeitsvolumen in der deutschen Industrie reduzierte sich von 1960 bis 1994 um 35 Prozent, das Arbeitsvolumen der privaten Dienstleistungen hat zur selben Zeit um rund 16 Prozent zugenommen, die staatlichen Dienstleistungen wuchsen in eben diesem Zeitraum hingegen um 57 Prozent! Wir müssen unter anderem auch die Lektion neu lernen, daß nicht jedes Wachstum ein positives Phänomen ist.

Was zu tun ist – Ein Mindestkatalog

Der Konsens unter den politisch Verantwortlichen, daß diese dramatische Entwicklung zu einer grundlegenden Veränderung der politischen Zielvorgaben führen müsse, ergibt sich zwingend aus den vorliegenden Daten. Das Wie ist die eigentliche Crux. Schließlich haben sich alle an das System gewöhnt: Politiker, die Versprechungen machen können; Unternehmer, die Mißerfolg durch Subventionen verdecken; Gewerkschaften, die ungestraft eine Politik ausschließlich für Arbeitsplatzbesitzende machen, und schließlich die Bürger, die sich individuell und als Interessengruppen über so viele Wohltaten freuen konnten.

Die Selbstverständlichkeit, regelmäßig mehr auszugeben als einzunehmen, also der Raub an der nächsten und übernächsten Generation, hatte keinen unmoralischen Beigeschmack. Heutzutage steht jedoch jede Kürzung und neue Gewichtung in der aktuellen Diskussion unter dem harten Diktat der »moralischen« Verantwortbarkeit. Die Rückführung des Staates zu einer Finanzwirtschaft ohne Zugriff auf das Einkommen der nachfolgenden Generation und ohne unerträgliche Steuerbelastung der jetzt arbeitenden Generation ist keine Aufgabe einiger Finanzpolitiker, sondern erfordert weitreichende gesellschaftliche Veränderungen, d. h. ein radikales Umdenken von Politikern und Bürgern zugleich, das sich auch in einem konkreten Systemwandel niederschlagen muß. Ohne eine Rückbesinnung der Politik auf die wesentlichen Elemente staatlicher Aufgaben und ohne eine Rückbesinnung der Bürger auf ihr eigenes Engagement und die Pflicht zur selbstverantwortlichen Gestaltung des Lebens bis hin zur Risikovorsorge ist eine Wende zum Besseren ausgeschlossen.

Der öffentliche Sektor ist durchaus ein Ferment im Rahmen der gesellschaftspolitischen Änderungen. Dort verspürt man den Druck zu schnellen Veränderungen am stärksten und steht daher in der Pflicht, Initialzündungen zur Gesellschaftsreform über die öffentlichen Haushalte auszulösen, wie man es ja – wenn auch falsch – seit den 60er Jahren getan hat. Dabei muß ein Katalog von Prinzipien aufgestellt und abgearbeitet werden, der über mindestens zwei Jahrzehnte in nachvollziehbarer Weise die Entscheidung der Politiker auf allen staatlichen Ebenen bestimmt. Im folgenden sollen die wichtigsten dieser Prinzipien dargestellt und erläutert werden.

– Der Staat muß die Produktion privater Güter Privaten überlassen. Dieser Grundsatz hat in zweifacher Hinsicht etwas mit dem Stand der Staatsverschuldung zu tun. Zum einen bindet der Staat bei privatwirtschaftlichen Aktivitäten ein beachtliches Kapital, häufig ohne Rendite. Gleichzeitig finanziert er die hohe Verschuldung. Andererseits ist der Staat wegen seiner Entscheidungsstrukturen immer ein schlechter Unternehmer, der für die Kosten seiner Fehler häufig Lehrgeld in Form zusätzlicher Verschuldung zahlen muß.

Auf dem Gebiet der Fiskalpolitik ist es sicher einer der weitestreichenden Erfolge der Kohl-Ära, beachtliche Fortschritte bei der Verwirklichung dieses Grundsatzes erzielt zu haben. Die Privatisierung von Bundesbahn und Bundespost bringt dem Bundesfinanzminister nicht nur viele Milliarden, sie setzt diese für die deutsche Wirtschaft so wichtigen Geschäftsfelder endlich dem Wettbewerb aus und trägt so zu mehr Innovation und Effizienz bei. Immerhin hatte die Deutsche Bundesbahn Ende 1993 zu Lasten des Staates ein Defizit von rund 70 Milliarden DM angehäuft. Der Staat konnte dieses Defizit teilweise nur dadurch finanzieren, daß die Post kraft ihres Telefonmonopols Deutschland mit überzogenen Gebühren zum Entwicklungsland in puncto Telekommunikation zu machen drohte.

Wie erfolgreich die Verwirklichung dieses ersten Grundsatzes sein kann, zeigt das Beispiel des Freistaates Bayern, der durch die Veräußerung von Industrie- und Versicherungsbeteiligungen in den 90er Jahren rund 8 Milliarden DM erzielte und damit trotz äußerst engagierter Infrastrukturentwicklung und großen Anstrengungen in der Bildungs- und Hochschulpolitik gerade einmal die Hälfte der Verschuldung des an Steuereinnahmen reichen Bundeslandes Hessen aufweist.

Diese Politik ist noch keineswegs an ihrem Ende. Bund, Länder und Gemeinden sind nach wie vor Eigentümer von Hunderttausenden von Wohnungen, von zahlreichen Energieversorgungsunternehmen, Verkehrsbetrieben, Banken und Versicherungen. Beträchtliche Teile dieser Unternehmen erwirtschaften Verluste, obwohl vergleichbare Privatunternehmen mit Gewinn arbeiten. Und selbst wenn diese Unternehmen Erträge haben, entlastet die Gewinnabführung die Staatshaushalte in nahezu keinem Fall so stark, als würde man den Veräußerungsgewinn für die Unternehmen zur Schuldentilgung verwenden.

– Die Produktion öffentlicher Güter, die nicht hoheitlich sind, muß im Wettbewerb zu Privaten erbracht werden. Nicht jeder Handschlag eines öffentlich Bediensteten ist ein öffentlicher Akt, nicht jede Dienstleistung bedeutet Ausübung hoheitlicher Gewalt. Öffentliche Verwaltung hat nach unserem Staatsverständnis nicht nur Ordnungsfunktionen, sondern ist auch Leistungsverwaltung. Daher ist es nur logisch, daß in der staatlichen Verwaltung viele Leistungen erbracht werden, die auch ein Privater erbringen kann. In der Vergangenheit waren die verschiedenen Staatstätigkeiten so miteinander verbunden, daß eine betriebswirtschaftlich isolierte Betrachtung einzelner Bereiche der Staatsverwaltung nahezu ausgeschlossen war.

Das kann und muß sich ändern: Entweder werden die tatsächlichen Kosten einer öffentlichen Dienstleistung realistisch berechnet und dem Besteller – ob dies ein Bürger, ein Unternehmen oder eine andere Behörde ist – entsprechend zumindest kostendeckend in Rechnung gestellt, oder die Dienstleistung muß an ein privates Unternehmen abgegeben werden, wenn dieses kostengünstiger arbeiten kann. Im Laufe der Zeit mag das »öffentliche Unternehmen« dann lernen, seine Kompetenz auszubauen und wieder mit dem privaten Sektor konkurrieren, wie dies Kommunalverwaltungen in den USA, aber auch in Australien oder Neuseeland praktizieren. In jedem Fall resultieren Kostenersparnisse für den Staat wie für den Bürger. Ein konkretes Beispiel: Die Bearbeitung der Krankheitskosten von Beamten in

Form der Beihilfeabrechnung kostet – nach Berechnungen der Bundesländer – derzeit bei den zuständigen Stellen ca. 60 DM je Fall. Private Unternehmen bieten dieselbe Dienstleistung für 30 bis 35 DM an. Durch Herstellung von Wettbewerb könnte der Staat seine konsumtiven Ausgaben ohne Leistungsabsenkung hier um ca. 50 Prozent verringern.

Ein anderes Beispiel sind die Straßenmeistereien und Bauhöfe vieler Länder und Gemeinden, die zweifelsfrei kein Ausbund an Wirtschaftlichkeit sind. Tausende Fahrzeuge und zahlreiche Bedienstete werden ganzjährig beschäftigt, um zu den wenigen wirklichen Wintertagen schnell und wirkungsvoll im Einsatz zu sein. Es ist offensichtlich, daß diese Dienstleistung privat besser erbracht werden kann. In Bayern (mit viel Schnee) sind bereits 80 Prozent dieser Aufgaben in privaten Händen, in Hessen (mit viel weniger Schnee) werden diese Aufgaben immer noch zu fast 100 Prozent vom öffentlichen Dienst wahrgenommen. Hessen ist ja schließlich auch nur doppelt so hoch verschuldet wie Bayern.

– Hoheitliche Aufgaben müssen begrenzt und zugleich effizient erfüllt werden. Der starke Personalbestand im öffentlichen Dienst als Mitverursacher der wachsenden Staatsverschuldung ist zum größten Teil erforderlich, wenn es bei den derzeit geltenden öffentlich-rechtlichen Normen bleibt. Entgegen mancher landläufiger Vorurteile arbeiten auch Verwaltungsbeamte wirklich. Sie führen Vorschriften und Erlasse aus, sie erteilen Genehmigungen, überwachen gefährliche Anlagen usw. Politiker, die es zulassen, daß 62 staatliche Stellen die Sozialhilfeansprüche der Bürger nach 48 verschiedenen Gesetzen ausrechnen, dürfen sich nicht wundern, wenn immer mehr öffentlich Bedienstete zur Rechnung und anschließenden Kontrolle der Rechnung gebraucht werden. Die Arbeitsflut und den Bedarf an Verwaltungspersonal diktiert die Politik – und der Wunsch des Bürgers, vom Staat perfekt bedient zu werden.

Bund und Länder glauben allen Ernstes, daß die deutschen Bürgermeister Kindergärten in ihren Gemeinden nur nach staatlicher Prüfung und unter staatlicher Aufsicht bauen und betreiben können. Baut eine Gemeinde in Hessen Sozialwohnungen, wird ihr bis zur Größe der Küche alles vorgeschrieben, und es wird natürlich auch kontrolliert. Schon die Ausrechnung der Kfz-Steuer, die man sehr wohl auf die Mineralölsteuer umlegen könnte, bindet in Deutschland ca. 4000 Beamte der Finanzverwaltung.

Allein die strikte Delegation von Aufgaben auf die untere Ebene zur eigenverantwortlichen Erledigung, der Verzicht auf projektgebundene Einzelförderungen zugunsten von pauschalierten Zuwendungen und die Zusammenlegung von Rechtsvorschriften könnten dazu führen, daß die Staatsverwaltung schlanker und schneller wird.

Die Dringlichkeit dieser Aufgabe darf nicht unterschätzt werden. So befinden sich von den fast 160 000 Personalstellen des Landes Hessen rund 105 000 in den Bereichen Bildung und Innere Sicherheit. Dort wird eher zusätzliches Personal gebraucht, als daß man Stellen abbauen könnte. Eine deutliche Personaleinsparung, die sicherlich 10 Prozent der heutigen Bestände betragen muß, wäre also aus den rd. 55 000 Stellen der allgemeinen Staatsverwaltung zu erbringen, gleichbedeutend mit einer Stellenkürzung von rund 25 Prozent. Eine solche Zielsetzung ist zu erreichen, aber nur dann, wenn einerseits die Behörden modern ausgestattet und andererseits durch geringere Dichte der Regelungen und eine geringere Tiefe der Kontrolle von Aufgaben entlastet werden. Unter diesem Aspekt liegt es nahe, die bisherigen drei Ebenen der hessischen Landesverwaltung, nämlich Land, Regierungspräsidium und Kommunen auf zwei Ebenen zusammenzufassen. Die Regierungspräsidien fielen dann weg.[11]

– Zahlungen des Staates mit Lenkungsabsicht dürfen keine unkontrollierte Dauereinrichtung werden. Wir haben keinen »Nachtwächterstaat«, und wir wollen ihn auch nicht. Der Staat hat nicht nur eine selbstverständliche und dauerhafte Ausgleichsfunktion, sondern er gestaltet mit Anreizen und Sanktionen auch die wirtschaftliche und gesellschaftliche Entwicklung mit. Dabei hat er sich jedoch auf eine geringe Zahl von möglichst widerspruchsfreien Gestaltungsversuchen zu beschränken und diese stets unter den Gesichtspunkten von Effizienz und sparsamem Mitteleinsatz zu revidieren.

Es war richtig, in den 60er Jahren nicht von heute auf morgen alle Kohlenzechen in Nordrhein-Westfalen und im Saarland sterben zu lassen und damit eine kurzfristig unlösbare Strukturkrise auszulösen. Aber es ist fatal, daß wir 30 Jahre danach immer noch etwa 7 Milliarden DM jährlich an Kohlesubventionen zahlen. Dieser Zuschuß übersteigt das persönliche Einkommen des Arbeitnehmers. Würden alle Zechen geschlossen und alle Arbeitnehmer weiter bezahlt, wäre dies für den Staat nicht teurer als das heutige Verfahren.

Alle wirtschaftlichen Subventionen müssen daher zeitlich befristet sein, degressiv ausgestaltet und als solche in den Haushaltsplänen offen ausgewiesen werden. Auf diese Weise würde jede Zuwendung wieder zum Politikum. Noch besser wäre, wenn die Verlängerung einer zeitlich befristeten Subvention sogar eine qualifizierte Mehrheit des jeweiligen Parlamentes erforderte. Auf diese Weise müßten alle Subventionsempfänger schon früh ihre Aktivitäten auf die Zeit nach der Subvention ausrichten, anstatt alle Kraft in den Kampf um die langfristige Fortsetzung der Subventionierung zu investieren.

Das gilt auch für die Subventionen in der Landwirtschaft. Das unüberschaubare EU-Subventionsgeflecht hat das Aussterben des bäuerlichen Familienbetriebes nicht verhindert. Aber durch die Subventionen gibt es keinen realistischen Marktpreis für landwirtschaftliche Produkte. Der durchschnittliche landwirtschaftliche Betrieb muß dauerhaft auf eigenen Füßen stehen können. Mag sein, daß dann die Landwirtschaft für die Pflege nicht mehr landwirtschaftlich genutzter Flächen oder von Natur und Landschaft zusätzliche Erwerbschancen erhält, die aber dann unter Wettbewerbsbedingungen vergeben werden müssen.

Neben der Reduzierung der Personalbestände ist der Abbau von Dauersubventionen die zweite notwendige Voraussetzung zur Entschuldung des Staates. Wir werden uns an den Gedanken gewöhnen müssen, gesetzgeberische Maßnahmen von vornherein stärker auf Zeit anzulegen, in den USA schon als »sunset legislation« bekannt, anstatt jede einmal getroffene Regelung als gleichsam sakrosanktes Faktum zu betrachten. In den Grenzen der Verfassung lassen sich sämtliche Gesetze revidieren.

– Staatliche Infrastrukturleistungen haben die »Regelversorgung«, nicht eine unerreichbare »Maximalversorgung« sicherzustellen. Es ist nicht zu erwarten, daß die Wünsche der Bürger nach immer besserer Ausstattung und Versorgung unserer Infrastruktur zu einem Ende kommen. Das hat schon Wilhelm Busch gewußt, als er einen angeblich saturierten Zeitgenossen mit den Worten warnte: »Hüte Deine Zunge/Ein jeder Wunsch, ist er erfüllt/Kriegt augenblicklich Junge.« Ist die Befriedigung aller denkbaren Wünsche wirklich Sache der Allgemeinheit – und damit immer noch vorrangig eine Angelegenheit der öffentlichen Kassen? Gewiß gehören bzw. gehörten viele der staatlichen Infrastrukturleistungen zur grundgesetzlich gebotenen Herstellung einheitlicher Lebensverhältnisse in allen Teilen der Republik.

Muß und darf das Leitbild jedoch allenorts die Infrastruktur einer modernen Großstadt sein, wenn Millionen von Städtern voll Enthusiasmus »ins Grüne« ziehen und zufrieden sind, eine sparsamere Infrastruktur für geringere Mieten, weniger Lärm und saubere Luft einzutauschen? Ist es berechtigt, zur Betreuung von Schulkindern außerhalb der Schulzeit im Kinderhort oder der Schulbetreuung einen staatlichen Zuschuß zu zahlen, oder kann man hier die volle Deckung der Kosten durch die Nutzer verlangen, wenn diese dadurch einen nennenswerten Einkommensvorteil erzielen?

Eine wie auch immer im Einzelfall definierte Regelversorgung ist aus Gründen des sozialen Ausgleichs unverzichtbar. Aber eine mutige Festlegung der Grenzen von Regel- und Maximalversorgung mit der Folge der teilweisen oder vollständigen Kostendeckung wäre eine wirksame Alternative zum heutigen Alles-oder-nichts-Prinzip, das in der Politik häufiger zum schuldentreibenden »Alles« als zum wahlgefährdenden »Nichts« führt.

– Staatsentschuldung, Steuersenkungen und Wirtschaftswachstum gehen Hand in Hand. Alle diese Schritte zu einem Staat, der einen erheblich geringeren Anteil am Volkseinkommen beansprucht, werden allein die Schuldenkrise nicht stoppen oder gar die Schulden abbauen können. Es gibt – jedenfalls in absehbarer Zeit – keine weitgehende Reduktion der Staatsaktivitäten, ohne daß es zu Zusammenbrüchen in bestimmten Bereichen käme. Diese Verflechtung hängt eben mit den gewachsenen Staatsaufgaben zusammen, wobei »gewachsen« auch eine euphemistische Umschreibung für »durch den Staat okkupiert, vom Bürger liebend gern abgetreten« darstellt. Zu den von einem Zusammenbruch gefährdeten Strukturen zählen zum Beispiel der regionale Arbeitsmarkt in strukturschwachen Räumen, die sozialen Einrichtungen kirchlicher und freigemeinnütziger Träger, die Berufschancen bestimmter Ausbildungsgänge, die für den öffentlichen Dienst eingerichtet wurden, und bestimmte, auf lange Zeit subventionierte Strukturen. Manche von ihnen sind möglicherweise überaltert oder ineffizient, aber sie müssen die Chance zur Reform haben. Sparen darf nicht zu einem ziellosen »Kaputtsparen« werden. Deshalb bedarf es ausreichender Übergangszeiten.

Diese Zeit ist aber bei konsequenter Einhaltung der vorgenannten Prinzipien durchaus vorhanden, wenn die gesamtwirtschaftliche Entwicklung zumindest ein moderates Wirtschaftswachstum ermöglicht, das dann zu steigenden Staatseinnahmen führt. Gehen die tatsächlichen Staatsausgaben zugleich in vergleichbarer Weise zurück – wie in den Bundeshaushalten 1996 und 1997 –, dann stehen die gesamten zusätzlichen Einnahmen zuzüglich der Ersparnisse aus der Haushaltspolitik zur Rückführung der Verschuldung und zu einer Absenkung der Staatsquote über eine Absenkung der Steuersätze zur Verfügung.

Gerade bei der Höhe der Steuersätze wird die enge Beziehung zwischen Haushaltskonsolidierung und Wirtschaftswachstum deutlich. Das Steuersystem muß schnell so verändert werden, daß die Steuerquellen bei niedrigen Sätzen wegen des dadurch erzielbaren größeren Wirtschaftswachstums stärker sprudeln, als dies bei Beibehaltung der alten hohen Steuersätze der Fall wäre.

Natürlich ist die Fiskalpolitik nur ein Beitrag zur Stimulierung des wirtschaftlichen Wachstums. Zwischen den beiden Aufgaben der Förderung des Wachstums und der Begrenzung der Staatsaktivitäten gibt es noch viele bemerkenswerte Parallelen. So sind neben der hohen Besteuerung die Regelungsflut, die Kontrolldichte und die überlangen und komplizierten Genehmigungsverfahren nicht nur Gründe für die hohen Verwaltungskosten, sondern auch für ein geringeres Wirtschaftswachstum in Deutschland. Die Wachstumskräfte in der Wirtschaft bedürfen in den neuen Bundesländern sicher noch für einige Zeit der Stärkung. Angesichts eines jährlichen Transfers von über 100 Milliarden DM in die neuen Bundesländer ist ein selbsttragender Aufschwung eine wichtige Voraussetzung für die übrigen genannten Schritte.

Eine auf Reduzierung des Staatsanteils angelegte Politik darf bei allen Einsparbemühungen nicht vergessen, Prioritäten zu setzen. Politiker werden nutzlos, wenn sie ohne den entsprechenden Mut dazu mit dem Rasenmäher – so wie früher mit Gießkanne und Kunstdünger – unterschiedslos über alle Politikbereiche und Organisationsformen gehen. Auch in den kommenden Jahren werden unvermeidlich immer wieder zusätzliche Herausforderungen auf die Politik zukommen. So ist es richtig, gerade in schwierigen Zeiten die Mittel für Forschung und Ausbildung zu erhöhen. Zur Kunst des Politikers wird es dann gehören, solche zukunftsträchtigen Bereiche gegen ein allgemeines und dadurch teils unwirksames, teils schädliches Sparen in Schutz zu nehmen.

Kann man Schulden per Verfassung begrenzen?

Wie lange wird es dauern, bis wir die Schulden los sind? Wie garantieren wir, daß die Verschuldung nicht wieder politisch mißbraucht wird und aus populistischen Gründen die Schulden erneut den Enkeln aufgelastet werden? Mit langfristig konzipierten Prinzipien ist ein Staat ohne Schulden nicht nur eine Utopie, sondern eine durchaus machbare Vision. Es hat drei Jahrzehnte gedauert, bis die heutigen Schulden aufgehäuft waren. Wir können froh sein, wenn es gelingt, sie in zwei bis drei Jahrzehnten wieder abzubauen – immer unter der Prämisse, daß die politische und wirtschaftliche Vernunft am Ruder bleibt.

Aber reicht unsere Vernunft jenseits aller Krisen und Wahlen aus, die genannten Prinzipien auch anzuwenden? Im Jahre 1996 hat die F.D.P. den Vorschlag unterbreitet, die Verschuldung von Verfassung wegen zu verbieten, ein von verständlichem Mißtrauen vor allem junger Politiker geprägter, aber nicht realistischer Vorschlag. Denn eine Verfassungsnorm, die erst in zwei bis drei Jahrzehnten erreicht werden kann, ist blutleer. Außerdem kann der Staat auf seinen verschiedenen Ebenen wie auch jeder Bürger in Situationen kommen, in denen er kurzfristig Schulden machen muß – die er allerdings auch kurzfristig abtragen muß. Den Teufelskreis der Verschuldung zu durchbrechen, darf nicht in eine Handlungsunfähigkeit des Staates bei kurzfristigen unvorhersehbaren Steuerausfällen oder Mehrbelastungen münden. Man denke nur an ein historisch einmaliges Ereignis wie den Fall der Mauer. Zugleich ist offensichtlich, daß die Schranken der Art. 109 und 111 unseres Grundgesetzes gegenüber dem Leviathan Staat nicht mächtig genug sind.

In der Diskussion über eine institutionelle Beschränkung des Verschuldensdrangs des Staates erscheinen zwei Ansätze als besonders erfolgversprechend:

1. Schulden müssen die Ausnahme sein – nicht, wie heute, die Regel. Dies kann man sicherstellen, indem in Art. 115 des Grundgesetzes folgende Klausel aufgenommen wird: Eine Neuaufnahme von Krediten darf nur in zwei aufeinanderfolgenden Jahren vorgenommen werden. Danach gibt es eine verpflichtende »Karenzzeit« von mindestens einem Jahr. Schon damit wäre der Teufelskreis der Verschuldung systematisch durchbrochen, ohne die Handlungsfähigkeit des Staates in Krisenzeiten zu gefährden.

2. Auf dem Weg zu diesem langfristigen Ziel könnte man den Art. 115 des Grundgesetzes so ändern, daß bei der Bewertung der Nettoneuverschuldung auch eine Abschreibung auf den Wert des bisherigen Staatsvermögens vorgenommen werden muß. Bisher geschieht dies nicht. Für die Verschuldensgrenzen bleibt jede Investition der Vergangenheit für alle Zukunft in ihrem vollen Wert erhalten. Selbst eine langfristige, lineare Abschreibung würde den Verschuldungsrahmen des Art. 115 des Grundgesetzes wirksam verringern, bevor ganz auf eine Nettoneuverschuldung verzichtet werden müßte.

Ein Staat mit dauernd wachsender Verschuldung ist ein existentielles Risiko für die Generationen der Kinder und Enkel. Er ist dies nicht einmal wegen der Wirkung maßvoller Schulden, sondern wegen des demokratieimmanenten Risikos, daß die Schulden maßlos werden. Für die modernen westlichen Industriestaaten war die zweite Hälfte des 20. Jahrhunderts durch eine trotz Wohlstand und durchaus ohne Not ständig steigende Verschuldung geprägt. Die erste Hälfte des 21. Jahrhunderts kann bei gehöriger

Anstrengung wieder eine im großen und ganzen schuldenfreie Bundesrepublik Deutschland hervorbringen. Es gibt hier, wie in vielen anderen Fällen, keinen Grund zu apokalyptischen Visionen, aber sehr wohl Grund zu beharrlicher und prinzipientreuer Durchsetzung der Ziele eines Staates ohne Schulden. Ohne Mut und langen Atem bleibt dies eine Utopie; mit Mut und Anstrengung ist es eine Chance, die wir wahrnehmen können.

1 Joachim Mitschke, Steuerpolitik für mehr Beschäftigung und qualitatives Wachstum. In: Stefan Baron, Konrad Handschuch (Hgg.), Wege aus dem Steuerchaos. Aktueller Stand der steuerpolitischen Diskussion in Deutschland, Stuttgart 1996, S. 90–102, zitiert S. 100.
2 Handelsblatt, 21. 7. 1998.
3 Daniel J. Mitchell, The historical lessons of lower tax rates. In: Heritage Foundation, Nr. 1086, 19. 7. 1996, S. 1–12.
4 iwd, 19. 2. 1998.
5 Nachzulesen in: Steuerpolitik für das 21. Jahrhundert. Dokumentation des Zukunftsforums Steuerpolitik, Bonn 30. 9. 1996, S. 32–34.
6 Ebd., S. 42.
7 Quelle: CDU-Infofax, Nr. 1, 23. 1. 1997.
8 Lt. Wirtschaftswoche, Nr. 30, 17. 7. 1997, S. 8.
9 Nachzulesen bei Thilo Sarrazin, Mit Mut ist eine gute Steuerreform möglich. In: DIE ZEIT, 10. 8. 1996, S. 13.
10 Peter Bareis, Weniger Last auf mehr Einkommen. In: DIE ZEIT, Nr. 26, 21. 6. 1996, S. 21.
11 Siehe ausführlicher S. 178ff zum Thema Föderalismus.

Sozialsysteme behutsam modernisieren

Deutschland verfügt über eines der ältesten und – bislang noch – bestausgestatteten Sozialsysteme unter den westlichen Industrienationen. Seit den ersten, noch sehr bescheidenen Anfängen im Kaiserreich des späten 19. Jahrhunderts hat sich eine qualitative und quantitative Entwicklung abgespielt, die insbesondere in der Ära unserer Bundesrepublik Deutschland zur Erfolgsgeschichte des deutschen Gesellschafts- und Wirtschaftssystems gehört.

Leistungen dieses Systems und Ansprüche an das System schienen lange Zeit beliebig ausweitbar, weil finanzierbar, zu sein. In Wirklichkeit entspricht dies schon seit längerer Zeit nicht mehr der Realität – wie jeder, den es wirklich interessiert, wissen kann. Zahlreiche Rahmenbedingungen für das Funktionieren der verschiedenen Sozialversicherungssparten haben sich grundlegend verändert: Verschiebungen der demographischen Struktur, wachsende Abgabenbelastungen aller Art und hohe Langzeitarbeitslosigkeit lassen die Spielräume für weitere Finanzierungen schrumpfen und werfen die Frage auf, ob unsere Sozialsysteme in ihrem heutigen Zustand den zukünftigen Beanspruchungen gewachsen sein werden. Deutschland hat heute etwas Besonderes zu verteidigen, eine Soziale Marktwirtschaft, die finanzierbar bleiben muß, die aber auch eine wesentliche Voraussetzung für eben die wirtschaftliche Leistungsfähigkeit und gesellschaftliche Stabilität geworden ist, die unseren Wohlstand garantieren.

Die ursprünglichen Anforderungen an unsere sozialen Sicherungssysteme ließen sich vergleichsweise einfach beschreiben als Absicherung jener Lebensrisiken durch die Solidargemeinschaft, die der einzelne nicht oder nur unvollkommen selbst bewältigen konnte. So einfach und selbstevident diese Formel klingt: Der gesellschaftliche Wandel und das wirtschaftliche Wachstum seit den 50er Jahren machen diese Definition auslegungsbedürftig.

Viele der Rahmenbedingungen für das anzustrebende Leistungsniveau haben sich verändert – manche positiv, andere negativ –, und dies betrifft den einzelnen Bürger in durchaus anderer Weise als die Solidargemeinschaft im ganzen. Wachsender allgemeiner Wohlstand, vor allem als Folge erheblich gestiegener Einkommen, haben die Leistungsfähigkeit erhöht und damit die Möglichkeiten des Bürgers, selbst eine gewisse Vorsorge zu treffen. Verschiebungen im Altersaufbau der Bevölkerung hingegen belasten die Gesellschaft im ganzen, so daß die Anforderungen an die Sozialversicherung und die eigentlichen Möglichkeiten der Versicherten von der Entwicklung her auseinanderzuklaffen beginnen. Das Solidaritätsprinzip bewirkt, daß der einzelne Bürger eine Überlastung des Systems erst spät, vielleicht zu spät, bemerkt. Damit werden falsche Signale gesetzt, insbesondere in der Rentenversicherung, wo der »time-lag« besonders groß ist. Von daher wird ernsthaft über eine Neufestlegung der sogenannten Lebensrisiken und der Verpflichtung zu ihrer Absicherung zu reden sein – und zwar öffentlich, mit allen Bürgern.

Das insgesamt höhere Wohlstandsniveau gibt neuen Raum für eigenverantwortliches Handeln, das auch notwendig ist, wenn wir uns in Erkenntnis begrenzter Mittel in der Bekämpfung der wirklichen Problemlagen nicht handlungsunfähig machen wollen. Eigenvorsorge und das Eigenengagement jedes einzelnen sind verstärkt gefordert. Sicher kann der einzelne Bürger nicht alles allein leisten, aber ohne die Einzelleistung, die Kreativität, den Willen und die Bereitschaft, sich ganz persönlich einzubringen, wird auch der modernste Sozialstaat sein Fundament verlieren. Es ist selbstverständlich, daß dabei auch der Mißbrauch sozialer Leistungen entschieden bekämpft werden muß.

Hinzu kommt ein Gesichtspunkt, der weder bei der Begründung der deutschen Sozialversicherung im Bismarck-Reich noch während der ersten großen Ausbauphase in der Bundesrepublik Deutschland um 1957 eine Rolle spielte: Genauso wie das Steuersystem eines Landes ist auch seine Sozialversicherung ein Wettbewerbsfaktor geworden. Die Arbeitgeberanteile an den Sozialversicherungsabgaben gehen natürlich direkt in die Berechnung von Standortvorteilen und Standortbelastungen durch die Unternehmen ein. Das ist als Einsicht so neu nicht, wird als Einflußgröße im Zuge der ökonomischen Globalisierung aber immer gewichtiger. Außerdem wirken die steigenden Sozialabgaben, besonders in Verbindung mit aktuellen und für die weitere Zukunft angekündigten Leistungskürzungen, ebenso als Leistungsbremse auf die Arbeitnehmer, wie dies die Steuerbelastung tut. Im beginnenden Zeitalter »virtueller« Unternehmen, rascher Verschiebung von Unternehmensstandorten und weltweiter Telekommunikation ist es vielleicht nur noch eine Frage der Zeit, bis die Verbreitung auch virtueller Arbeitsplätze, die nicht so einfach einer Volkswirtschaft und ihrer Abgabenordnung zuzuordnen sein werden, zu einer internationalen Konkurrenz der Sozialsysteme führt. Im Bereich privater Versicherungen aller Art herrscht diese Freizügigkeit bereits. Übrigens bedarf es gar nicht der Zukunftsmusik einer virtuellen, von konkreten Standorten abgekoppelten Arbeitswelt: Schon die weitere europäische Integration kann in dieser Hinsicht sehr folgenreich für uns werden.

Die Mütter und Väter des deutschen Wirtschaftswunders glaubten, daß eine Zunahme an Wohlstand auch eine Zunahme an Solidarität bedeuten würde. Deshalb sind die großen kollektiven Sicherungssysteme darauf angelegt, dem wirklich Bedürftigen zu helfen. In der Vergangenheit aber wurden diese Systeme oft genug mißbraucht, wenn auch oftmals nur in dem Sinne, daß Leistungen daraus angestrebt wurden, die zumindest den eigenen Beiträgen entsprachen. Darauf sind und waren die Systeme nicht angelegt, dies können sie nicht leisten. Solidarität lief zu oft Gefahr, zu egoistischem Anspruchsdenken zu degenerieren. Um so mehr muß es das Wesen einer freiheitlichen Gesellschaft sein, Steuerungsmechanismen zu entwickeln, die Auswüchse verhindern und damit dem Sozialstaat in seinen solidarischen Wurzeln immer wieder zu einem tragfähigen Fundament zu verhelfen. Eine erfolgreiche Umsetzung solcher prinzipieller Überlegungen fordert von den Verantwortlichen in Politik und Gesellschaft in den kommenden Jahren kontinuierliche Reformarbeit, vom Bürger einen mindestens ebenso ernsthaften Prozeß des Umdenkens.

Zur Solidarität muß wieder stärker der unabdingbare Komplementärwert der Subsidiarität treten, die gewissermaßen als Solidarität des einzelnen mit dem Gemeinwesen definiert werden kann. Die materiellen Möglichkeiten des Bürgers dazu sind alles in allem gestiegen; wo einzelne Sicherungssysteme exorbitante Kosten fordern, liegt dies auch an einer zu weit gehenden Verlagerung von Verantwortlichkeit und Aktivität auf eben diese Systeme. Freilich reicht nicht aus, diesen Wert nur zu beschreiben. Die Politik muß hier, wie an anderen Stellen, den Mut haben, seine praktische Anwendung einzufordern. Die Aufgabe der Sozialversicherung wird sich dann in Zukunft wieder klarer definieren lassen: Sie soll demjenigen helfen, der aus eigener Kraft nicht zur Subsidiarität in diesem erneuerten Sinne imstande ist.

Reform der Alterssicherung

Wir werden in einer Gesellschaft mit sehr viel mehr älteren und viel weniger jungen Menschen leben. Steigende Lebenserwartung, stagnierende Geburtenzahlen, die Veränderung der Größe und Gestalt der Familien- und Verwandtschaftsbeziehungen beschreiben genauso die heutige und zukünftige Entwicklung wie die Tatsache, daß der Freiraum für individuell gestaltete Lebensentwürfe größer und unser Leben vielfältiger und abwechslungsreicher geworden ist. Die traditionellen Lebensphasen Ausbildung, Erwerbsarbeit, Familie und Rente werden abgelöst durch vielfältige Kombinationen von Lern- und Kreativzeiten, zeitlich unterschiedlich intensiven Phasen der Berufstätigkeit, der Kindererziehung und des Engagements in der Familie oder Phasen ehrenamtlicher Tätigkeit. Lebensstil und Rollenverständnis der Frauen werden sich weiter verändern, durch die größere Bedeutung der Berufstätigkeit von Frauen und Männern ergeben sich neue Anforderungen für die Gestaltung dessen, was bisher traditionell innerhalb der Familie selbst geleistet wurde.

Im Bereich der Altersvorsorge hat die politische Reformarbeit bereits begonnen. Dabei ist sie zum Teil nichts anderes als die Korrektur von Fehlentscheidungen der sozial-liberalen Koalition Anfang der 70er Jahre. Manche heute notwendige schmerzhafte Anpassung würde sich erübrigen, wenn damals nicht in einem »Wohlstandsrausch« das Rentenniveau von 64 Prozent auf 70 Prozent erhöht worden wäre, also genau um die Prozentpunkte, die in der Rentenreform 1998 wieder zurückgenommen wurden.

Darüber hinaus muß jedoch auf einige fast von vornherein angelegte Strukturprobleme der Rentenversicherung hingewiesen werden, die grundlegender Korrektur bedürfen: Mit dem besseren Wissen des später Lebenden dürfen wir an der Weisheit der rein umlagefinanzierten Rente und der dynamischen Rentenformel zweifeln. Es war ein grundlegender Konstruktionsfehler, alles auf die einzige Karte der Umlage über den sogenannten Generationenvertrag zu setzen. Ein weiterer Fehler war die Mißachtung der Veränderlichkeit und der tatsächlichen Veränderung ausschlaggebender gesellschaftlicher Gesamtgrößen, d. h. der Verschiebungen in der Alterspyramide. Deren Auswirkungen versuchte man allzu lange nur durch Beitragserhöhungen zu begegnen. Seit den 60er Jahren kam es jedoch zu dramatischen Veränderungen: Steigende Lebenserwartung, Absenkungen des Renteneintrittsalters – zum Teil auch arbeitsmarktpolitisch motiviert oder als soziale Wohltat gedacht und damit systemwidrig im Blick auf die Rentenversicherung – und schwächere junge Jahrgänge haben zu einem Ungleichgewicht geführt, das noch lange nicht abgebaut ist und auch durch Zuwanderung nicht einfach beseitigt werden kann.

Die Tatsache, daß die Altersversorgung der heute und in absehbarer Zeit im Ruhestand befindlichen Arbeitnehmer nur umlagefinanziert gewährleistet werden kann, führt zu einer nicht unbeträchtlichen Belastung der jungen Generation. Sie wird sich für eine absehbare Zukunft auf einen

Rentenbeitrag von rund 20 Prozent vom Bruttoarbeitseinkommen einstellen müssen. Zugleich aber müssen alle Voraussetzungen geschaffen werden, damit die Rentenanwartschaften, die damit erworben werden, von einer individuellen Vermögensplanung begleitet werden. Neben der staatlichen Rentenversicherung und der Betriebsrente muß es in Zukunft das Element der privaten Vorsorge geben. Diese dritte Säule wird auch dadurch finanziert, daß die persönliche Ausgabeplanung der jetzt jungen Generation stärker auf die Alterssicherung Rücksicht nehmen muß, als es die vorherige Generation getan hat.

Wichtig ist, die Weichen für große Entscheidungsmöglichkeiten bei der Nutzung dieser dritten Säule zu stellen. Wir brauchen so schnell wie möglich Pensionsfonds-Modelle in Deutschland, die mit unterschiedlicher Risikostruktur erworben werden können. Der konservative Rechner weiß mit 30, was ihm mit 60 gezahlt wird, aber er erhält dafür eben auch nur eine mäßige Rendite. Der mutige kann einen Teil seines Kapitals gefährden, aber eben auch eine wesentlich höhere Rendite im Alter anstreben. Die Elemente der betrieblichen und überbetrieblichen Vermögensbeteiligung, heute z. B. der Investivlohn, müssen gleichfalls in dieses System eingepaßt werden. So entsteht auf Dauer eine immer stärker durch Kapitaldeckung finanzierte Alterssicherung kommender Generationen. Durch eine verstärkte Beteiligung der Arbeitnehmer am Produktivvermögen wird dies unterstützt. Die Kapitaldeckung muß Entscheidungsfreiheit, Vielfalt und unterschiedliche Risikoebenen ermöglichen. Höchst schädlich in diesem Zusammenhang wird freilich sein, wenn Unklarheiten über die steuerliche Behandlung solcher Vorsorgeaufwendungen und der daraus resultierenden Zusatz- oder Ersatzrenten bestehen. Wegen der langfristigen Festlegung und der existentiellen Bedeutung der Altersrente bedarf es hier ebensolcher langfristig verbindlicher Aussagen des Gesetzgebers – auch wenn eine Diversifizierung der Vorsorgeaufwendungen einzelne Risiken abmindert. Andernfalls wird nur die Mentalität des Sofortkonsums gefördert und eine »gerechte« Sparquote im Sinne der intergenerationellen Gerechtigkeit verhindert.

Reform der Krankenversicherung

Ebenso werden wir nicht umhin kommen, das Prinzip der individuellen Risikobeteiligung im Krankenversicherungssystem der Bundesrepublik Deutschland stärker zum Tragen zu bringen. Dadurch werden nicht etwa Leistungen abgebaut, im Gegenteil. Die Soziale Marktwirtschaft des 21. Jahrhunderts zu gestalten bedeutet, in unserem Land das mit Abstand humanste Krankenversicherungssystem für alle Bürger zu erhalten. Wenn in unserem Nachbarland Großbritannien Menschen im fortgeschrittenen Alter von immer mehr Gesundheitsleistungen wie der Hüftoperation oder Dialyse ausgeschlossen werden, dann ist das für christliche Demokraten ein inakzeptabler Weg.

Große Risiken kollektiv zu sichern und den einzelnen von der Sorge vor existentieller Bedrohung möglichst weitgehend zu befreien, setzt jedoch die Bereitschaft voraus, kleine, für den einzelnen tragbare Risiken und das konkrete Maß der Gesundheitsvorsorge persönlich mitzubestimmen. Die Gesetzesänderung, bei Zahnheilbehandlungen eine Basisbehandlung über den gesetzlichen Versicherungsschutz zu finanzieren und weitere medizinisch verbesserte Behandlungsmethoden der individuellen Verhandlung zwischen Arzt und Patient zu überlassen, ist ein möglicher Weg. An diesem Beispiel wird bereits deutlich: Es geht nicht um eine Reduzierung des Anteils der Gesundheitskosten an unserem Volkseinkommen, es geht lediglich darum, wie hoch der Teil dieser Gesundheitskosten ist, der durch kollektive staatliche Vorgaben bestimmt wird, und wie hoch in Zukunft der Anteil sein muß, den die betroffenen Personen individuell steuern und dann auch aus ihrem individuellen Einkommen finanzieren. Die Bürger müssen das Recht bekommen, selbst zu entscheiden, was sie über ihre Grundsicherung hinaus von ihrem persönlichen Einkommen für die Gesundheit aufwenden wollen.

Arbeitsmarktpolitik statt Versicherungsdenken

Die Arbeitslosenversicherung gehört zwar zu den klassischen Bestandteilen des deutschen Sozialversicherungswesens. Was in diesem Bereich an Reform notwendig ist, betrifft jedoch einerseits kaum Erhebungsmodus und Abgabenhöhe und gehört andererseits thematisch zum Kapitel »Genug Arbeit für Deutschland«. An dieser Stelle mag daher der Hinweis genügen, daß die hier skizzierten Reformen auch den Arbeitsmarkt stimulieren werden und insofern mit einer erneuerten Arbeitsmarktpolitik zusammenhängen.

In der Zusammenschau ergeben Staatsentschuldung, Steuerreform und Neuvermessung der Sozialversicherungen eine tiefgreifende Reform der Gesellschaft im ganzen, aber keinen Kahlschlag der tradierten Systeme als Selbstzweck. Lasten werden neu berechnet werden müssen, Umdenken bei allen Beteiligten ist notwendig. Der Politiker von heute darf auf größere Wahlmöglichkeiten hinweisen, und er muß zugleich sagen, daß in dieser Hinsicht die Freiheiten der Zukunft auch in jenem etwas herben Sinne zu verstehen sind, daß Freiheit damit zu tun hat, das tun zu können, was man tun muß. Der Bürger muß – und er kann – wieder mehr Verantwortungen selbst übernehmen, anstatt sie finanziell abzulösen. Den Weg dorthin zumindest zu skizzieren, wird für den Politiker eine Gratwanderung bedeuten, eine Gratwanderung jedoch im präzisen Wortsinn: Wir haben uns angewöhnt, sie als Ausdruck für ein letztlich unproduktives Jein, ein Sowohl-als-auch, ein Schwanken zu verstehen. Den Bergsteiger jedoch führt oft nur der Weg über einen Grat sicher zum Gipfel.

Eine weitere Schlußfolgerung muß lauten: Die hier vorgeschlagene Reform muß in wenigen Schritten und unbedingt im Zusammenhang erfolgen. Darin liegen ihre Schwierigkeit und ihre mögliche Wirksamkeit zugleich beschlossen. Aber auch dem Politiker ist erlaubt, ein komplexes Bündel zu schnüren und nicht a priori davon auszugehen, daß ohnehin nur Teilziele erreichbar sind. Der besondere Ansporn in diesem speziellen Fall besteht darin, daß jede Verfehlung des Gesamtziels wegen der Interdependenz der einzelnen Reformen einen schweren Fehlschlag bedeuten müßte.

Und natürlich muß vor unrealistischen Ansätzen dort gewarnt werden, wo sich eine klare Überforderung des Bürgers abzeichnet. Dies sei nur knapp an zwei Beispielen skizziert: Seit mehreren Jahren befassen sich Tageszeitungen und Wirtschaftsjournale mit der auf uns zurollenden »Vererbungswelle«. Vermögenswerte in Billionenhöhe, so kann man lesen, werden innerhalb der nächsten Jahre in Deutschland vererbt werden. Die allseitige Begeisterung erinnert zum einen an das bekannte, hier womöglich etwas pietätlos wirkende Sprichwort vom Fell des Bären. Und es wird schon mehrfach verteilt: Erhebliche Mehreinnahmen aus der Erbschaftssteuer werden prognostiziert; wer sich um die Absicherung von Rente und Pflegegeld für die wachsende Schar sehr alter und auf lange Zeit pflegebedürftiger Menschen sorgt, sieht die Möglichkeit ausreichender Zuschüsse; die Erbengeneration soll ihr Erbe zur alternativen Daseinsvorsorge einsetzen.

Daß es diese Debatte aber bereits gegeben hat und noch gibt, zeigt zum anderen deutlich, wie sehr wir uns daran gewöhnt haben, auf zukünftige Einnahmen zu spekulieren und das Eigentum der Bürger zu verplanen. Denn zuallererst sind die vielbeschworenen Milliarden legitimes Erbe und keine beliebige Dispositionsmasse für den Politiker – wenn er es ernst mit dem Abbau von Belastungen und der Bekämpfung von Staatsverdrossenheit meint.

Ein zweites Beispiel: Unbedingt gehört zu den notwendigen Reformen ein verstärktes gemeinschaftliches Engagement der Bürger, das diese auch als Gestaltungschance begreifen sollten, nicht nur als Belastung. Eine zusätzliche Belastung wird sich jedoch zweifelsohne ergeben. Zugleich erwarten wir hohen, ja ständig höheren Einsatz im Berufsleben. Auch hier dürfen Budgets an Zeit und Energie nicht mehrfach verplant werden, schon gar nicht über die Köpfe der Bürger hinweg.

Aktive Bürger-gesellschaft als Chancen-gesellschaft

Mit dem Prozeß steigenden gesellschaftlichen Wohlstandes, kürzerer Arbeitszeiten und den erfolgreichen Systemen der sozialen Sicherung ist ganz offenbar eine Entwicklung verbunden, die neue Problemlagen schafft. Je erfolgreicher unsere Gesellschaft darin war, materielle Not zu beseitigen, desto mehr haben wir es heute mit Problemen zu tun, die mit noch mehr Geld immer weniger beseitigt werden können. Viele Errungenschaften der Moderne tragen die Gefahr in sich, daß z. B. die ursprünglichen Kräfte des Gemeindelebens, die Selbstverständlichkeit des Einstehens für die Gemeinschaft, verlorengehen. Der Staat selbst baut auf einer aktiven Gesellschaft auf, die er selbst nicht erhalten und entwickeln kann. Er bedarf vielmehr vielfältiger gesellschaftlicher Bedingungen zu seiner Erhaltung als freiheitlicher Rechtsstaat, so des Vorhandenseins vieler »Netze« und gemeinschaftlicher Beziehungen, die kaum formalisierbar sind – falls dies überhaupt wünschenswert wäre. Ein Staat, dem die kleinen, aktiven Gemeinschaften verloren gehen, gleicht einer Brücke, der nach und nach die Pfeiler weggespült werden. Nicht zuletzt die Knappheit der öffentlichen Kassen hat auf eine sehr harte Weise dazu beigetragen, daß die Illusion der Allzuständigkeit und allumfassenden Regelungskompetenz des Staates in Frage gestellt und Alternativen ernsthafter diskutiert werden.

In Amerika, einem Land, das fast als Synonym für die Freiheit des einzelnen stehen kann, findet eine Wiederentdeckung der Kultur des Gemeinsinnes statt. Freiheit und die Beziehung zur Gemeinschaft sind eben nicht einander entgegenstehende Begriffe, sondern zwei Seiten derselben Medaille. Die politischen Parteien in Deutschland müssen selbstkritisch feststellen, daß sie diesen Zusammenhang viel zu lange vernachlässigt und durch ihre Programme die Illusion genährt haben, die Ansprüche an den Staat seien immer weiter zu steigern. Bei näherem Hinsehen bedeutet die Übertragung von Zuständigkeiten auf den Staat auch den Verlust von Entfaltungsmöglichkeiten für den einzelnen und trägt die Gefahr in sich, daß personale Beziehungen ausgehöhlt werden. Ein perfektes staatliches Sicherungssystem garantiert zwar den monatlichen Scheck, ist aber nicht in der Lage, für die menschliche Nähe und Mitgefühl zu sorgen, die z. B. am Krankenbett oder im Alter mindestens genauso wichtig wie die materielle Absicherung sind.

Beides ist wichtig: Deshalb geht es nicht darum, zu etwas Vergangenem zurückzukehren, sondern unter den Bedingungen unserer Zeit die Räume für staatliches und bürgerschaftliches Handeln neu zu vermessen. Es geht darum, unter den veränderten Lebensbedingungen wieder »Nähe« herzustellen und damit Anschluß frei wählen zu können. Daß Nähe im heutigen gesellschaftlichen Kontext dann auch durch vorher Fremde geboten werden würde und müßte, wird anfangs gewöhnungsbedürftig sein, auf Dauer jedoch einen solidaritätsfördernden Lerneffekt haben.

Indem der Bürger seine Freiheit einsetzt, erwirbt er den Gemeinsinn, der bestehende Gemeinschaften stützt und neue schafft. Die aktive Bürgergesellschaft ist damit nicht ausschließlich eine Frage der öffentlichen Haushalte, die am Ende ihrer Leistungsfähigkeit angekommen sind, sondern auch der Sicherung und Wiedergewinnung von Spielräumen für die Bürgerinnen und Bürger, auf die ein moderner Staat mehr denn je angewiesen ist.

Wenn man auf die USA als ein Vorbild verweist, gilt es gerechterweise auch festzuhalten, daß Deutschlands Bürger sich sehr wohl bereits in hohem Maße für das Gemeinwesen einsetzen. Eine 1991/92 vom Statistischen Bundesamt durchgeführte Zeitbudgeterhebung, bei der 7200 Haushalte im gesamten Bundesgebiet über ihre tägliche Zeitverwendung befragt wurden, erfaßte unter »ehrenamtlichen Arbeiten« unbezahlte Aktivitäten, die nicht für den eigenen Haushalt, sondern zugunsten von Dritten oder der Gesellschaft erfolgten, und Aktivitäten, die im institutionellen Rahmen einer Organisation außerhalb des Haushalts durchgeführt wurden. Nicht darin enthalten waren soziale Hilfen im Rahmen von Institutionen wie z. B. Wohlfahrtsverbänden, Kirchen oder der private Austausch von Hilfeleistungen zwischen Haushalten, der außerhalb eines institutionellen Rahmens stattfand. Da diese als »private Netzwerkhilfe« bezeichneten Tätigkeiten – gerade weil sie auch neuere Entwicklungen zeigen – ein wichtiges Element der aktiven Bürgergesellschaft sind, zeigen die Ergebnisse der Erhebung des Statistischen Bundesamtes allenfalls die Untergrenze gemeinschaftlicher Einsatzbereitschaft der Bundesbürger.

So waren innerhalb des untersuchten Zeitraumes rund 12 Millionen Personen ehrenamtlich engagiert. Durchschnittlich wurden für ehrenamtliches Engagement in der oben beschriebenen Abgrenzung $4^1/_2$ Stunden pro Woche aufgewandt. Zwischen den verschiedenen Altersgruppen zeigten sich allerdings starke Unterschiede, die immerhin zum Nachdenken Stoff geben: Die Gruppe der 12- bis 20jährigen war am schwächsten vertreten. Bemerkenswert ist auch die Feststellung, daß Personen, die in Familien bzw. Familienverbänden leben, sich trotz dieser höheren zusätzlichen Belastung stärker engagieren.

Rechnet man diese ehrenamtliche Tätigkeit mit allen Einschränkungen hoch, so ergeben sich Monat für Monat über 230 Millionen unentgeltlich geleistete Arbeitsstunden in unserem Land. Geht man von vergleichbaren Durchschnitts-Stundenentgelten aus, kommt man auf 75 bis 130 Milliarden DM für ehrenamtlich geleistete Arbeitszeit im Jahr 1992. Diese Leistungen finden sich jedoch in keiner Statistik zur Berechnung des Bruttosozialproduktes.

Es ist weder wünschenswert noch realistisch, idealisierte alte Strukturen wieder herzustellen. Vielmehr sollen die uns zur Verfügung stehenden Mittel der Moderne genutzt werden, um wieder mehr Nähe zu schaffen. Die Familie, Vereine oder das traditionelle Ehrenamt sind eine Basis, auf der es aufzubauen gilt. Um das Ziel einer »aktiven Bürgergesellschaft« zu erreichen, müssen aber neue, ergänzende Wege gefunden werden, die ein Pendant zu unserer modernen und immer komplexeren Gesellschaft bilden können.

Politik kann dazu beitragen, zu bürgerschaftlichem Engagement zu motivieren und auch diejenigen zu mobilisieren und zu unterstützen, die zwar prinzipiell dazu bereit sind, denen aber noch die Anknüpfungspunkte fehlen. Entscheidend für die zukünftigen Chancen bürgerschaftlichen Engagements ist jedoch in erster Linie die Wertschätzung, die es in der Öffentlichkeit erfährt. Bürgerschaftliches Engagement braucht mehr Anerkennung, als es heute erfährt.

Ein Weg dazu könnte die Aufnahme ehrenamtlicher Tätigkeiten in Zeugnisse sein, ein mehr als symbolischer Akt, denn allein die Aufnahme drückt bereits eine Wertschätzung aus. Demselben Ziel würde auch die öffentliche Herausstellung des Ehrenamtes und ehrenamtlich Tätiger dienen, etwa durch einen »Tag des Ehrenamtes«. Weiter fördern ließe sich dies durch die Auslobung von Preisen für ehrenamtliche bzw. freiwillige Arbeit auf allen staatlichen Ebenen. Auch der Gedanke eines freiwilligen »sozialen Jahres«, unabhängig von Geschlecht und Lebensalter und nicht im starren Sinn eines bestimmten Zeitraumes konzipiert, kann hier weiterführend sein. Ein solches Engagement würde außerdem dazu dienen, die Generationen untereinander in besseren Kontakt zu bringen und die Weitergabe wichtiger, auch menschlicher Erfahrungen zu fördern. Zudem böten sich hier Möglichkeiten fließender Übergänge zwischen voller Berufstätigkeit und Ruhestand sowie zwischen voll in Geld bezahlter und teils oder gänzlich ehrenamtlicher Aktivität an.

Vor allem aber muß erreicht werden, daß bürgerschaftliches Engagement nicht zu Benachteiligungen führt. Auch wenn das Prinzip der Unentgeltlichkeit bisher ein starkes Merkmal für ehrenamtliches und bürgerschaftliches Engagement war, dürfen finanzielle Belastungen nicht dazu führen, daß ein beabsichtigtes Engagement auf der Strecke bleibt. Eine gewisse Aufwandsentschädigung etwa für den Vater oder die Mutter, die sich für die Betreuung einer Schulklasse außerhalb des Unterrichts zur Verfügung stellt, verwässert das Prinzip des Ehrenamtes keineswegs. Die möglichen Formen bürgerschaftlichen Engagements müssen den heutigen Bedingungen angepaßt werden. Dazu gehört, daß nicht das unerreichbare Ideal des sich Tag und Nacht aufopfernden Helfers als Leitbild angesehen, sondern eine vertretbare Zeitbeanspruchung zum Maßstab wird, die auch im Rahmen der Ausübung eines normalen Berufes möglich ist. Notwendig ist auch, ehrenamtliches Engagement und professionelle Arbeit in neuen Formen zusammenzuführen, denn diese Bereiche müssen sich ergänzen und dürfen nicht in einem Konkurrenzverhältnis zueinander stehen. Überhaupt ist in vielen Bereichen bürgerschaftliches Engagement nur denkbar, wenn es in Zusammenarbeit mit hauptamtlichen Kräften durchgeführt wird.

Die aktive Bürgergesellschaft ist eine sehr konkrete Angelegenheit, bestehend aus vielen Bausteinen, die eben nicht zentral geplant oder vorfabriziert werden. Aus den USA wird zum Beispiel die Idee der Gemeinschaftsstiftung übernommen, so daß die Bürger einer Stadt eine Stiftung errichten, um die Interessen ihrer Kommune zu fördern. Eltern engagieren sich in der Randstundenbetreuung in Schulen. Ganze Börsen für den Austausch geeigneter Ideen für ehrenamtliches Engagement entstehen. Zunehmend kommen Elterninitiativen für eigene Kindergärten zustande, auch dies teils ehrenamtlich. Diese Entwicklung reicht bis zum Ende der Lebensplanung: In Seniorengenossenschaften mit oft tausenden von Mitgliedern helfen Senioren, denen es gesundheitlich noch sehr gut geht, weniger mobilen Senioren. Das Prinzip dieser Genossenschaften ist, daß diese Helfer später von wiederum jüngeren Senioren ähnliche Unterstützung erhalten. Ursprünglich in Baden-Württemberg beheimatet, haben solche Seniorengenossenschaften große Verbreitung auch in Hessen gefunden.

Die aktive Bürgergesellschaft reicht durchaus weiter, bis in den Bereich der Inneren Sicherheit, etwa bei der Überwachung von Nachbarwohnungen in Urlaubszeiten. Auf kulturellem Gebiet gibt es bereits Initiativen, die komplette Museen durch Privatleute mit einem breiten Spektrum beruflicher Erfahrungen betreuen, so daß der Staat dort nur noch die Verantwortung für die äußere Hülle übernehmen muß.

Ein spürbares Defizit bei alldem ist derzeit noch, daß es sich meistens um lokal oder allenfalls regional wirksame Beispiele handelt. Wir als Politiker müssen die Werkzeuge finden, um gute Ideen zu multiplizieren, und Kristallisationspunkte für deren weiträumige Umsetzung schaffen. Der Staat selbst sollte nur noch als Helfer auftreten und diese Aktivitäten als Garant absichern. Das übrige mag er getrost dem gemeinschaftlichen Engagement der Bürger überlassen. Wenn diese Multiplikation gelingt, können wir wirklich von einer aktiven Bürgergesellschaft reden.

Bedenken wegen einer eventuell geringeren Gleichförmigkeit und Verläßlichkeit eines so individualistisch gestalteten sozialen Engagements braucht niemand zu haben. Bei den meisten Einrichtungen der unmittelbaren Daseinsvorsorge wird es Mischformen geben, aber keine neuen Monopole, wenn das Monopol des Staates wegfällt. So werden neben den staatlichen Altenheimen zunehmend mehr private Einrichtungen mit einem flexibleren Betreuungs- und Unterbringungsangebot zur Verfügung stehen.

Bei rein ehrenamtlichen Organisationen kann natürlich die eine oder andere sich auch wieder auflösen. Dies wird die Gesellschaft jedoch ohne größere Schwierigkeiten aushalten. Unserer historischen Erfahrung mit modernen Zivilisationen zufolge spricht vieles dafür, daß sich für nützliche und notwendige Institutionen in jeder Gemeinschaft von Bürgern genug Ansprechpartner für die Mitarbeit finden. Es geht darum, diese Einrichtungen in ihrer Startphase zu stützen, so daß sie eine eigene Identität, ein eigenes Ethos bekommen und sich langfristig entwickeln können.

Dies wird nicht gleichmäßig im ganzen Land möglich sein. Bürger, die engagierter, flexibler und innovationsfreudiger sind, werden selbst auch bessere Mitwirkungsmöglichkeiten in ihrer Stadt, ihrer Region haben. Letztlich wird damit ein für alle nützlicher Wettbewerb der Regionen gefördert. Den Politikern ist dringend zu empfehlen, nicht aus unangebrachter Sorge um die Gleichförmigkeit der Lebensverhältnisse Regelungen zu treffen, die das Prinzip zerstören. Auf Befehl des Staates gibt es keine aktive Bürgergesellschaft, eine aktive Bürgergesellschaft gibt es nur aus der Überzeugung des einzelnen, daß sie für ihn und für die Gemeinschaft etwas Gutes ist, für das er sich aus freien Stücken einsetzt. Wer dies aus einer Philosophie der vermeintlichen Steuerungspflicht heraus unterläuft, beschädigt den Gedanken der aktiven Bürgergesellschaft.

Der aktiven Bürgergesellschaft würde indes ein wichtiges Element fehlen, wenn man ein verstärktes Engagement der Bürger auf Ehrenämter im sozialen oder kulturellen Bereich gleichsam abschieben und damit die ohnehin schon zu tief gehende Arbeitsteilung zwischen der politischen Klasse und den »Menschen draußen im Lande« festschriebe. Seit langem werden fast stereotyp Desinteresse an der Politik und Parteienverdrossenheit bei den Bürgern beklagt. Aktive Bürgergesellschaft muß auch eine stärkere politische Partizipation der Bürger an der Politik beinhalten, die über die periodischen Wahlakte hinausgeht. Auch hier ist mehr Phantasie gefragt, denn es wird nicht leicht sein, die unvermeidlichen Grenzen für eine solche Teilhabe zu erweitern.

Mit einem gewissen Recht ist moniert worden, daß zum Beispiel der Deutsche Bundestag in seiner Zusammensetzung die deutsche Wahlbevölkerung nicht mehr widerspiegelt. Wir teilen jedoch mit allen modernen Demokratien eine kaum zu bewältigende Schwierigkeit: Der Beruf des Politikers ist schwieriger, komplizierter, zeitaufwendiger und erfahrungsbedürftiger geworden. Das ist in einer komplexer werdenden Gesellschaft, die auch immer schwerer zu beeinflussen ist, nicht überraschend. Wir brauchen nur an die Debatten zu Themen wie moderne Telekommunikation, der schnellen Brüter oder die Gentechnologie zu denken. Solchen Herausforderungen als Gesetzgeber effizient zu begegnen, erfordert nicht nur guten Willen, sondern auch sehr präzise Detailkenntnisse. Das setzt in Bund und Ländern in aller Regel den Vollzeitpolitiker voraus.

Die Laufbahn des Politikers läßt sich daher nicht mit allen möglichen anderen Berufen vermischen. Angesichts der besonderen Rahmenbedingungen für diese Tätigkeit, dürfen wir uns nicht wundern, daß viele Menschen mit dem Potential zum Politiker sich auf einen weniger riskanten Beruf mit vergleichbarem Einkommen im außerpolitischen Bereich festgelegt haben. Niemand wird das als ideal bezeichnen. Wir müssen uns deshalb fragen, ob sich parlamentarische Arbeit nicht so organisieren läßt, daß ein Ingenieur, Architekt, Betriebsrat oder anderer Arbeitnehmer größere Zugangschancen als jetzt hat. Die Grenzen dürften hier aber ziemlich eng gezogen sein.

Es muß jedoch nicht gleich der Bundestag oder der Landtag sein. Für eine aktive Beteiligung von Bürgern, die über die Mitwirkung in Kindergärten, Seniorengenossenschaften oder nachbarschaftlichen Sicherheitsinitiativen hinausgeht, sich also auf die politische Willensbildung im eigentlichen Sinne erstreckt, gibt es viel unausgeschöpftes Potential. Laut Art. 21 unseres Grundgesetzes wirken die Parteien an der politischen Willensbildung des Volkes mit. Von einem Monopol ist nirgends die Rede. Die Art der Beteiligungschancen, die die Parteien den Bürgern dieses Landes eröffnen, muß geändert werden. In Deutschland wird ein geradezu eheähnliches Bindungsverhältnis zur Partei, gewissermaßen von der Wiege bis zur Bahre, erwartet, jedenfalls seitens der Parteien. Dafür gibt es auch einige gute Gründe: Die Parteien sind auf einen verläßlichen Mitgliederstamm und entsprechende Einnahmen angewiesen, sie müssen eine langfristige Personalpolitik im Blick auf die Arbeit in den zahlreichen Parlamenten betreiben können. Ein so weitreichendes Engagement wollen nicht genügend Menschen eingehen. In anderen sozialen Beziehungen ist ganz vergleichbar zu konstatieren, daß die *dauerhafte* Bindungsbereitschaft abnimmt und Aktivitäten, die eine geringere soziale Verpflichtung erfordern, in den letzten Jahren an Attraktivität gewonnen haben.

Dies nur zu beklagen, hilft nicht viel. Und mit dem Erlebniswert von Fernsehen und Freizeitsport wird parteipolitischer Einsatz noch auf lange Sicht nicht konkurrieren können. Gangbare Wege gibt es dennoch, vorausgesetzt, man verläßt ausgetretene Pfade und geht auf die Bürger zu, die man gewinnen will:

In der hessischen CDU wird seit einiger Zeit daran gearbeitet, ein neues System der Mitgliederbeteiligung zu entwickeln, das in den kommenden Jahren experimentell genutzt und weiterentwickelt werden soll. Dieses System geht davon aus, daß es um den Kreis der Parteimitglieder, die das alleinige Entscheidungsrecht in Personalfragen haben, einen größeren Kreis von »Freunden der Partei« gibt, die aufgrund ihrer Interessen für eine bestimmte Zeit bei einzelnen Themen mitwirken, z.B. auf der Ebene der Kreisversammlungen, und daher ein gewisses Stimmrecht haben und dieses auch ausüben. Neben diesen Freunden läßt sich eine weitere Gruppe, die

»Partner«, denken. Mit ihnen ließe sich das Interesse der Bevölkerung an projektbezogener Arbeit aufnehmen.

Die hessische CDU will sich darum bemühen, daß Themen wie die Sanierung eines Spielplatzes, die Bürgerinitiative gegen oder für den Bau einer Straße, die Instandsetzung eines maroden Freibades, bevor die Gemeinde es schließen muß, zu Initiativen führen, die die Bürger gemeinsam mit der CDU verwirklichen können. Die Partei wäre gewissermaßen der Projektleiter, während die interessierten Bürger, die diese konkrete Idee verwirklichen wollen, mitwirken können, auch wenn sie sich nicht längerfristig in der (Partei-)Politik binden wollen. Auf diese Mitarbeit mag dann ein weiterreichendes Engagement folgen, es ist aber keine conditio sine qua non. Die hessische CDU hat die spezifische Erfahrung gemacht, daß ein großer Teil ihrer Mitglieder in den 70er Jahren wegen der Auseinandersetzungen um die Schulpolitik in die Partei eingetreten ist. Viele hatten sich zuerst im Hessischen Elternverein engagiert und gegen linke Schulpolitik – von den Rahmenrichtlinien bis zur integrierten Gesamtschule – gekämpft. Dabei mußten sie feststellen, daß dieser projektbezogene Einsatz für ihre Kinder in der Schule keinesfalls ausreichen konnte. In einer demokratischen Gesellschaft mußten sie sich letztlich einem der politischen Mainstreams anschließen, wenn sie für die Themen, die ihnen im Projekt wichtig waren, die richtigen Rahmenbedingungen schaffen wollten.

Eine solche Vorstellung von Parteiarbeit, die nicht gleich die Alles-oder-nichts-Frage stellt, sondern eine Einladung an die Menschen mit ihrem heutigen Lebensgefühl ist, um sie an ein ehrenamtliches Arbeiten auch in diesem Bereich heranzuführen, ist wohl der richtige Weg. Der Gewinn für das Gemeinwesen wäre auf Dauer immens, unabhängig davon, ob diese oder jene demokratische Partei direkt davon profitierte.

Dies alles in Summe beschreibt die Stationen auf dem Weg zu einer aktiven Bürgergesellschaft, die Vorzüge, die sie bietet, die Herausforderungen, die sie bereithält. An diesen Herausforderungen kann unsere Gesellschaft nur wachsen und zu einer Chancengesellschaft werden, d. h. zu einem Gemeinwesen, das Subsidiarität und Solidarität, Leistungsorientierung und Wertbindung miteinander vereint.

Familienpolitik jenseits der drei »K«

Zu den bedeutendsten gesellschaftlichen Veränderungen unserer Zeit gehört die neue Rolle der Frauen in Familie, Wirtschaft und Gesellschaft. Der Anspruch der Frauen auf eine eigenständige Lebens- und Erwerbsbiographie ist ein Potential, das uns helfen wird. Zugleich bleibt richtig, daß intakte Familien unverzichtbare Bausteine eines Gemeinwesens sind.

Die grundsätzliche Position zur Stellung der Familie ist schon an sich ein Gegenentwurf zur rot-grünen Politik. Wenn eine führende Sozialdemokratin unwidersprochen sagen kann, Familie sei für sie, wer aus dem gemeinsamen Kühlschrank lebt, und wenn die Grünen die Gleichstellung homosexueller Paare zu einem ihrer wichtigsten Ziele erklären, dann sind die Unterschiede klar. Das Werben für die intakte Familie ignoriert nicht den soziologischen Befund der vielen sogenannten »unvollständigen Familien« und auch nicht die gesellschaftliche Kraft der Singles. Aber eine friedliche und stabile Gesellschaft braucht intakte Familien. Die Familie ist gegen die rot-grünen Annahmen nicht eine Lebensform unter vielen, sondern die Keimzelle der Gesellschaft.

»Die Familie ist das Fundament von Staat und Gesellschaft. Dieser Satz, für den wir so oft verspottet worden sind, ist heute richtiger denn je. Je mehr Individualismus und Egoismus unsere Gesellschaft prägen, um so wichtiger wird diese Erkenntnis sogar noch – für die Zukunftsfähigkeit unserer staatlichen Gemeinschaft und für die humane Qualität unserer Lebenswelt.«[1] Diese Aussage in den Worten von Wolfgang Schäuble ist so eindeutig wie gewichtig und spiegelt die Grundüberzeugung christlich-demokratischen Verständnisses von der Bedeutung der Familie für den einzelnen Bürger wie für das Gemeinwesen, in dem er lebt und das er mitgestalten soll.

Auch unser Grundgesetz stellt, wie jeder weiß, in seinem Art. 6, Abs. 1 Ehe und Familie unter den besonderen Schutz der staatlichen Ordnung. Damit ist ein hohes Maß an Selbstverpflichtung des Staates ausgesprochen, die dieser auch nicht ohne weiteres zurücknehmen kann. Der Art. 6 gehört zum Bereich der Grundrechte, die sogar noch einmal besonders geschützt sind. Kein Zweifel, daß damit im Rahmen unserer Verfassung eine eindeutige, wertorientierte Position bezogen wird. Als christlich-demokratischer Politiker kann man das einerseits nur begrüßen, muß jedoch andererseits besorgt sein, ob angesichts der realen Entwicklungen in unserer Gesellschaft dieser globale Schutz, diese umfassende Wertschätzung auch ihre Entsprechung in der Praxis finden. Diese Praxis umfasst zweierlei: den Schutz von Ehe und Familie in einem durchaus materiellen Sinn sowie den Einsatz des Staates zugunsten der Werte, die Familie und Ehe verkörpern. Die Entscheidung etwa, den Ehebruch aus der Reihe der Straftatbestände zu streichen, mag vieles für sich gehabt haben, beleuchtet aber das Dilemma einer Staatlichkeit, die mit gutem Grund auf bestimmten Werten beharren will, zugleich jedoch gesellschaftlichen Werteverschiebungen Konzessionen machen und die private Entscheidungssphäre von Ehepartnern respektieren will.

Juristische Kommentare zu diesem Artikel des Grundgesetzes betonen, daß es sich hier um eine grundlegende Norm handelt, die das öffentliche und private Recht insgesamt prägt, soweit es Ehe und Familie betrifft, zum Beispiel auch das Sozialversicherungs- und das Steuerrecht. Allerdings habe der Staat nicht die Pflicht, Familien von allen familienbedingten Lasten zu befreien.[2] Welchen Wert hat die Aussage des Art. 6, Abs. 1 des Grundgesetzes? Stellt sie auf lange Sicht mehr dar als ein wohlfeiles Bekenntnis zu

Werten, die man sich leistet, solange man sie sich leisten kann? Auf Initiative der hessischen CDU-Landtagsfraktion wurde 1996 eine Enquete-Kommission zum Thema »Familienfreundliches Hessen« eingerichtet. Sie ging von der Erkenntnis aus, daß zwar Fortschritte zugunsten von Familien erreicht worden seien – so unter anderem durch die Anrechnung von Kindererziehungszeiten bei den Rentenanwartschaften oder Erziehungsgeld und Erziehungsurlaub –, daß sich aber an dem Einkommensgefälle zwischen Familien und Kinderlosen wenig geändert habe. Auch in den Bereichen Wirtschaft und Arbeit sei keinesfalls ausreichende Rücksichtnahme auf die Interessen der Familie zu verzeichnen.[3]

Eine Expertise zur Lage der Familien und zu möglichen Entlastungen aus demselben Jahr kam zu dem Ergebnis, daß auch das bekannte Familienurteil des Bundesverfassungsgerichts aus dem Jahre 1992 nicht viel bewirkt habe. Unser oberstes Gericht hatte damals den Gesetzgeber aufgefordert, die Einkommens- und Belastungsunterschiede zwischen Familien und Kinderlosen abzubauen. Das Gericht hatte für die schlechtere Position von Familien auch eine einleuchtende Erklärung, nämlich die strukturelle Ungerechtigkeit des bestehenden Rentenversicherungssystems, das kinderlose Rentenbeitragszahler grundsätzlich gegenüber Bürgern mit Kindern bevorzuge. Die vorgelegten Zahlen zum Wohlstandsgefälle zeugen in der Tat nicht von einer allzu erfolgreichen Umsetzung des grundgesetzlich garantierten Schutzes von Ehe und Familie durch den Staat: Durchschnittlich verdienende Familien mit drei und mehr Kindern leben an der Armutsgrenze; die Zahl der Kinder, deren Eltern Sozialhilfe beziehen, hat rapide zugenommen; immer mehr junge Leute verzichten deshalb auf Kinder.

Damit schließt sich ein Teufelskreis. Die tonangebende Mehrheit der Kinderlosen in unserer Gesellschaft wird immer stärker.[4] Wer in Deutschland mehr als drei Kinder hat, läuft Gefahr, als asozial abgestempelt zu werden. Das ist eine unerträgliche Situation. Unterdessen ist schon ein Gemeinplatz geworden, über die Aversion der Deutschen gegen das Kinderkriegen herzuziehen. Die Magdeburger Psychologin Claudia Quaiser-Pohl kam erst kürzlich in einer Studie über Eltern in Deutschland zu dem Ergebnis: »Während Eltern in anderen Ländern die Geburt eines Babys als wertvolles Geschenk empfinden, sind Kinder für deutsche Eltern eine Belastung und beeinträchtigen die Beziehung.« Eine zufällige Lesefrucht aus einer unterwegs gekauften westfälischen Regionalzeitung und zugleich symptomatisch für das Stimmungsbild im Lande. Impressionen sind durchaus hilfreich, wenn es um das Einfangen solcher Stimmungen geht, um die Dinge, die in keine Statistik eingehen. Auch ich frage mich, wenn ich ein Wort wie »kinderreich« höre, ob dieser Ausdruck nicht unterdessen böse Ironie geworden ist. An anderer Stelle liest man den Begriff »Kinderarmut« und muß erst umschalten, um zu verstehen, daß dies Armut *an* Kindern heißt und nicht Armut *von* Kindern. Solche sprachlichen Verwerfungen machen doch wohl auf ein tiefer liegendes Problem aufmerksam.

Für eine bessere Familienpolitik bedarf es jedoch mehr als subjektiver Eindrücke und punktueller Beispiele. Sehr vieles steht auf dem Spiel, an erster Stelle die Stabilität unserer Gesellschaft. Für sie ist die Familie angesichts des hohen Tempos von Wandlungsprozessen ein unverzichtbarer Baustein. Wenn Kinder in dieser von der Geschwindigkeit geprägten Gesellschaft nicht mehr lernen können, daß es noch Menschen und Sachverhalte gibt, auf die man sich unbedingt verlassen kann, werden sie die ständige Veränderung um sich herum nur noch als dramatisch und beängstigend empfinden. Wenn ihnen die Umgebung verlorengeht, in der sie Zuneigung, Vertrauen und Zuwendung gewinnen können, ohne stets die eigenen Interessen in den Mittelpunkt stellen zu müssen, werden sie nur lernen, immer die Ellbogen gegenüber ihren Mitmenschen zu gebrauchen. Sie werden das Gegenteil von vertrauensbereiten Menschen werden und damit auch nicht sehr friedliche Menschen. Die Qualität unserer Kindheit und Jugend hängt von Geborgenheit ab. In den historischen Strukturen unserer Gesellschaft kann diesen Wert nur die Familie garantieren. Es ist durchaus legitim, ja notwendig, Familie und Kinder auch als Bedingung für das Jungbleiben und das physische Fortbestehen unserer Gesellschaft zu betrachten. Anthropologische Grundtatsachen wie die vorher geschilderten bedürfen jedoch in der gesellschaftspolitischen Diskussion immer wieder eines Anwaltes, auch und gerade weil sie in einer eher unterkühlten Atmosphäre des öffentlichen Diskurses gewöhnungs- und erklärungsbedürftig geworden sind.

Ohne die Entscheidung für die Familie als *der* Form des regelmäßigen Zusammenlebens überhaupt kann man Kindern keine für sie selbst und für die Gesellschaft gedeihliche Kindheit und Jugend bieten. Wie kann ein Staat Werte vermitteln, wie in einer pluralistischen Welt bestimmte Leistungsentscheidungen durchsetzen? Als Antwort gibt es das Primat der Familie als der Möglichkeit schlechthin für eine dauerhafte Gemeinschaft von Kindern und Erwachsenen und von Erwachsenen. Letztlich ist die Bevorzugung von Ehe und Familie daraus entstanden, daß diese in allen Lebensphasen – nicht nur bei der Erziehung von Kindern – für Verläßlichkeit und Belastbarkeit auf Dauer ohne Rücksicht auf die Opportunitäten des Tages stehen und daraus ein Lebensprinzip innerhalb der Gesellschaft gemacht haben. Als Alternative zu dieser stabilen Säule fällt uns selbst nach jahrhundertelangem Suchen nichts Besseres ein. Deshalb sollten wir es mit Überzeugung dabei belassen – und diese Überzeugung dort mit Mut vertreten, wo es um die Frage geht, ob nicht schließlich und endlich auch alle möglichen alternativen Lebensformen der Familie rechtlich gleichgestellt werden sollten. Niemand – und schon gar nicht der Staat – sollte über solche anderen Formen individueller Lebensgestaltung vorschnell ein abschätziges Urteil fällen. Werte zu leben, heißt eben nicht, die Werte anderer Menschen zu negieren. Wir haben uns aber als Individuen und als Bürger einer bestimmten Gesellschaft dafür entschieden, eine ganz genau definierte Form des Zusammenlebens für besonders schutzwürdig zu erklären. Für die politischen Folgen dieser so vernünftigen wie werthaltigen Entscheidung müssen wir dann selbstverständlich politisch eintreten.

An politischem Handlungsbedarf fehlt es denn auch nicht:

- Die materielle, rechtliche und allgemein gesellschaftliche Situation von Familien ist durchaus Anlaß zur Besorgnis – trotz aller Verbesserungen, die unter der Regierung von Helmut Kohl erreicht werden konnten.
- Reformen der Familienpolitik sind unauflöslich mit Reformen in anderen Politikbereichen verknüpft und hängen mit sozialen und ökonomischen Entwicklungen eng zusammen, so mit der Umgestaltung des Steuersystems oder neuen Ansätzen bei der Arbeitsmarktpolitik.
- Schließlich geht es um eine, vielleicht um die »heilige Kuh« der deut-

schen Gesellschaft schlechthin, nämlich um das überkommene Rentensystem, das in seiner jetzigen Form einen tatsächlichen Familienlastenausgleich nicht überleben könnte – ohne ihn allerdings auch nicht.

Unter rein frauenpolitischen Gesichtspunkten hingegen ist dieses Thema weniger ergiebig. Die wesentlichen Schlachten der Emanzipationszeit sind geschlagen. Ob es in absehbarer Zeit einige Prozent mehr Professorinnen, Ministerinnen und weibliche Vorstandsmitglieder gibt, ist nicht die vordringliche Frage für die Mehrheit der Frauen. Uns muß es um die große Zahl von Frauen und Familien, d. h. einschließlich Kindern und männlichen Partnern, gehen, die Beruf und Familie besser als bislang miteinander vereinbaren wollen und – dies dürfen wir uns nicht verhehlen – oft auch vereinbaren müssen, die eine eigenständige soziale Sicherung aufbauen wollen. Das Recht zur Verwirklichung eines eigenständigen Lebensplanes ist in einer aufgeklärten Gesellschaft ein vollständig geschlechtsunabhängiger Anspruch. Für Männer galt das immer. Für Frauen gilt es eben auch. Jenseits aller Grundsätze gibt es handfeste und ebenso zu akzeptierende Notwendigkeiten für Frauen, einer Erwerbsarbeit nachzugehen: Die Scheidungsrate ist konstant hoch; viele Familien sind durch den Versuch, Eigentum an Wohnungen oder Häusern zu erwerben, belastet; das gestiegene Risiko der Arbeitslosigkeit des – in den meisten Fällen – hauptsächlichen Verdieners verlangt nach Absicherung.

Dies ist für die Christdemokraten ein besonders wichtiges – und für manche unter ihnen immer noch brisantes – Thema. Sie liegen dabei in politischer Konkurrenz zu anderen Parteien, die zumindest in der Vergangenheit ein ausgeprägtes Profil in der Frage der Erwerbstätigkeit von Frauen zeigten. Dies hatte – und hat vielleicht noch – einen gewissen Appeal. Auch die einseitige, im Grunde genommen zwangsweise Festlegung der Frauen auf eine Erwerbstätigkeit in der ehemaligen DDR hat in gewissem Umfang genuine Interessen der Frauen erfüllt. Diese Erfahrung, die immerhin ein Fünftel der erwachsenen Frauen in unserem Land gemacht haben, kann nicht ohne Einfluß auf die Standortbestimmung christlich-demokratischer Familienpolitik bleiben. Das bedeutet auch eine Neubestimmung des Verhältnisses der beiden großen politischen Lager zu diesem Thema. Beide großen Parteien sind seit den 80er Jahren pluralistischer in ihren Anschauungen geworden, Links-Rechts-Schemata greifen hier so wenig wie in vielen anderen Fällen. Was bedeutet in diesem Fall links, was rechts? Beide Lager nehmen durchaus widersprüchliche Positionen ein. Ist es »konservativer«, Leistungsbereitschaft in der Wirtschaft zu betonen oder die Werte eines geborgenen Familienlebens? Ist es »fortschrittlicher«, die Frauen von der Hausarbeit zu befreien oder von der Erwerbsarbeit? Und welcher Konservatismus, welcher Fortschritt entspricht hier noch einem Links oder einem Rechts? Wir müssen also niemanden in der Familienpolitik links oder rechts überholen, allenfalls oben, will sagen, es *anders* und *besser* machen.

Für eine Partei wie die CDU ist die spannendste Frage in der Familienpolitik der nächsten Jahre, wie sie sich dauerhaft auf die Rolle der Frauen in der Familie einläßt. Die klassische Rollenverteilung zwischen Mann und Frau wird es so nicht mehr geben. Damit wird die gesellschaftliche Wirklichkeit auf lange Sicht der Tatsache entsprechen, daß wir Jungen und Mädchen einheitlich ausbilden und sie auf identische Berufsrollen vorbereiten. Eine Diskussion darüber, ob bereits mittelfristig die Aufgaben der Erziehung von Kindern und die Sorge für ein geschütztes, geborgenes Umfeld gleichmäßig zwischen Mann und Frau aufgeteilt werden, ist unrealistisch, ja unehrlich. Eine gerechte Verteilung der Aufgaben wird es sicher im Laufe einer überschaubaren geschichtlichen Entwicklung geben, doch in den nächsten 50 Jahren werden sich immer noch Frauen vorwiegend Zeit für die Erziehung der Kinder nehmen.

Diese Entwicklung in ihren Auswirkungen auf die Frauen – auch in ihrer Langsamkeit, die mit den viel schneller wachsenden Wünschen vieler Frauen kollidiert – muß die CDU als Partei berücksichtigen. Ohnehin hat sie unter den 25- bis 40jährigen Wählerinnen einen extrem schweren Stand. Nicht allen Frauen gelingt es, Erkenntnisse über die psychischen und emotionalen Bedürfnisse kleiner Kinder anders zu verstehen denn als Kritik an ihrer Entscheidung, sich nicht weitestgehend oder gar ausschließlich der Kindererziehung zu widmen. Die Kultur des Dialoges zwischen unserer familienpolitischen Position und den Wählerinnen muß insoweit entscheidend verbessert werden, von uns, aber auch von den Frauen. Eine klare Positionsnahme unsererseits stellt ein Angebot dar, das die Entscheidung der Frauen weder präjudiziert noch kritisiert, sie nur auf eine ausgewogenere Basis von Entscheidungsgründen stellt. Gleichzeitig müssen wir für beide Alternativen Vorsorge treffen, so daß den Interessen von Frauen und Familien jeweils Rechnung getragen werden kann. Dazu gehört die Möglichkeit, sich dem kleinen Kind längere Zeit zu widmen, was entsprechende materielle Hilfen impliziert; dazu gehört auch die Option, die Kinder verantwortungsvoll betreuen zu lassen und die entsprechenden Systeme in Anspruch nehmen zu können, um Kindererziehung mit voller Berufstätigkeit zu verbinden; dies ist schließlich eine Frage unseres Umganges mit diesem Komplex überhaupt: Wie behandeln wir dieses Thema in der politischen Sprache, für welches Image der berufstätigen Mutter – oder auch des zu Hause bleibenden Vaters – sorgen wir?

Ein gutes Beispiel dafür ist der immer wieder zu hörende Vorwurf, berufstätige Eltern würden die Kindererziehung ihrer Karriere opfern. Dies mag mitunter zutreffen, für manche ist die Berufstätigkeit beider Elternteile eine schlichte Notwendigkeit. Die Bundesbürger in ihrer Mehrzahl hegen die nicht überzogene Erwartung, nach langen Jahren von Schule und Berufsausbildung den erlernten Beruf auch ausüben und damit Geld verdienen zu können. Daß hierbei Frauen und Männer in der gesellschaftlichen Anschauung immer noch unterschiedlich behandelt werden, hat mit der Tradition zu tun. Daß es in der Praxis immer noch zu Problemen führt, liegt eher an Rigiditäten unseres Arbeitsmarktes und Arbeitsrechtes und ist von daher leichter zu beeinflussen als eingefleischte Meinungen und Mentalitäten.

Wegen ihrer engen Verbindung zu grundlegenden Wertfragen ist die Thematik »Familie und Beruf« auch durchaus emotional belastet. Die Wertentscheidungen der modernen Gesellschaft und das Verhalten des Individuums werden von Kritikern grundsätzlich hinterfragt. Schnell ist von Egoismus und Materialismus die Rede. Anderes kommt hinzu: Wesentliche Elemente unseres Sozialversicherungssystems müssen im Zusammenhang mit familienpolitischen Reformen neu durchdacht werden. Dasselbe gilt für andere Themen, zum Beispiel für das gesellschaftliche Verständnis von Arbeit in der Familie und den sozialen und/oder ökonomischen Stellenwert von Kindererziehung. Hier haben wir es mit ausgeprägten Ungleichzeitigkeiten zwischen dem gesellschaftlichen und dem familiär-privaten Bereich zu tun, deren Bruchlinien wiederum quer durch die etablierten politischen Lager laufen: Frühere Zeiten sahen die Familie ziemlich unsentimental wir haben es damit zu tun, wie wir die stark von Gefühlswerten geprägte Familie modernen Typs mit einer Gesellschaft und Arbeitswelt von durchaus andersartiger Modernität vereinbaren wollen.

Diese Emotionalität prägt – und trübt auch – die Debatte über die Zusammenhänge zwischen dem Ausbau unserer Sozialversicherungssysteme – insbesondere der Rentenversicherung in ihrer modernen deutschen, also dynamischen und umlagefinanzierten Form –, der Abnahme der Kinderzahl und dem Bedeutungsschwund der Familie als solidargemeinschaftlichem Mikrokosmos. Eine Fehlinterpretation der historischen Entwicklung in diesem Bereich führt indes zu einer unzutreffenden Analyse der aktuellen Lage und damit zu falschen politischen Konzepten für die Zukunft.

Zumindest auf einige Mißverständnisse sollten wir daher hinweisen: *Kinderreichtum* als Sozialversicherung, sprich Rentenersatz, hat in der Vergangenheit nicht funktioniert, schon deshalb nicht, weil es ihn gar nicht in der Weise gab, wie wir ihn uns oft vorstellen. Das generative Verhalten der Deutschen, wie das anderer Völker auch, war über Jahrhunderte hinweg nicht von dem Gedanken an möglichst reichlichen Nachwuchs beherrscht, sondern – soweit eine Kontrolle möglich war – vom genauen Gegenteil. Es herrschte die eiserne Regel von der Statik von Gesellschaft und Wirtschaft. Unter diesen Verhältnissen galt logischerweise die Formel, daß bei einem Quasi-Nullwachstum der Bevölkerung ein Kind ein Elternteil im Alter zu unterstützen hatte – dies ohne Umlagesystem. Die Frage, wie das in praxi funktionierte, beantwortet sich so, daß es eben nicht funktionierte.

Damit erledigt sich jedoch das gesellschaftskritische Argument, der zeitgenössische Bundesbürger verzichte zu Lasten derer, die noch Kinder haben wollen, auf Kinder, um seine eigene Position zu verbessern. Es macht wenig Sinn, das generative Verhalten der Bundesbürger ausgehend von falschen Annahmen über die Ursachen und Motive für den Trend zur kinderarmen Familie oder kinderlosen Ehe beeinflussen zu wollen. Und bevor wir unsere Sozialversicherungssysteme einer grundsätzlichen Kritik unterziehen, gilt es festzustellen, daß ihre Leistungsfähigkeit alles übertrifft, was wir in unserer Geschichte jemals an Sicherungsmöglichkeiten hatten. Damit sind gewisse Grenzen für eine Umstrukturierung gesetzt. Mit Kinderreichtum beispielsweise ließe sich heute erst recht keine Vorsorge betreiben. Worum es gehen muß, ist vielmehr Folgendes:

1. Angesichts der demographischen Entwicklung zeichnet sich eine Überforderung der Rentenversicherung ab. Zunehmende Lebenserwartung, früheres Renteneintrittsalter und sinkende Kinderzahl wirken zusammen – übrigens in allen modernen Industriegesellschaften. Während der 80er Jahre war die Geburtenrate etwa in Italien zeitweise sogar niedriger als in Deutschland.

2. Diese Überforderung akzentuiert noch die Notwendigkeit eines Familienlastenausgleichs angesichts der strukturellen Ungerechtigkeit, daß Familien mit mehreren Kindern Konsumverzicht leisten, weniger Rentenanwartschaften erwerben und zugleich die höheren Renten kinderloser Rentenanwärter mitfinanzieren. Zusätzliche Möglichkeiten, Alternativen zur gesetzlichen Rentenversicherung zu ergreifen, sind Familien mit mehreren Kindern weitgehend versperrt. Damit wächst ihre Abhängigkeit von einem hochbelasteten System – zu dem viele Politiker eben bereits seit geraumer Zeit Alternativen empfehlen.

3. Die viel tiefer gehende Frage ist jedoch die nach dem intergenerationellen Lastenausgleich. Wilfrid Schreiber, der als Konstrukteur der dynamischen Rentenformel bezeichnet wird, hatte bereits 1957 gefordert, daß die Rentenreform ergänzt würde durch einen Familienlastenausgleich. Damals fiel sogar das Stichwort »Jugendrente«. Aus diesem Teil seines Entwurfs wurde praktisch nichts, und hier könnte wieder angesetzt werden.[5]

Wachsenden Egoismus und Materialismus zu beklagen, wird jedenfalls nicht viel weiter helfen, so achtenswert die Kritik an sich sein mag. Ein anderes generatives Verhalten und einen Boom der Familie wird man damit nicht auslösen können. Abgesehen davon, daß die Wirkungen ohnehin erst mit großer zeitlicher Verzögerung einsetzen würden – zu spät, um die jetzigen Probleme der Rentenkassen zu beheben und die heutigen Familien zu entlasten –, käme zur schwieriger werdenden Versorgung der Rentner auch noch der Unterhalt für eine rapide wachsende junge Generation. Die Beitragszahler würden gewissermaßen von zwei Seiten in die Zange genommen. Schließlich geht es auch gar nicht darum, ein stärkeres Bevölkerungswachstum auszulösen. In Deutschland gibt es keinerlei öffentlichen Diskurs, der in diese Richtung wiese. Und unsere Verfassung hat an den Schutz von Ehe und Familie keine quantitativ bestimmten Kriterien der Förderungswürdigkeit angelegt. Ein Familienlastenausgleich wird also unter der Annahme konzipiert werden müssen, daß die demographischen Rahmenbedingungen sich nicht grundlegend ändern werden.

Ein weiteres kommt hinzu: Unabhängig von möglicherweise willentlich kinderfeindlichem Verhalten einzelner Bürger ist eine sogenannte moderne Gesellschaft – das Wort im weitesten Sinne genommen – von sich aus nicht kindertauglich und kaum familienfreundlich. Das hat zahlreiche Gründe und läßt sich an noch zahlreicheren Details festmachen. Angefangen bei der Gefährdung im Straßenverkehr über den Mangel an kind- und familiengerechten Orten im öffentlichen Raum bis zur Reizüberflutung via Fernsehen wird wenig »harmloser« Platz geboten. In einer auf Effizienz und Tempo ausgelegten Welt stehen Kinder im Weg, sie sind so etwas wie anachronistische Fremdkörper. Wer zu seinem Bekanntenkreis einige Singles oder kinderlose Paare zählt, kennt deren ständiges leichte Erstauntsein über die vielen kleinen »Behinderungen«, mit denen man als Familienvater oder -mutter zurechtkommen muß. Und die Welt der Arbeit ist zwar in manchem weniger rigide geworden, doch neue Chancen auf dem Arbeitsmarkt ergreift am leichtesten ein ortsungebundener Single. Schließlich ist es auch noch nicht allzu lange her, daß sogar in Kreisen christlich-demokratischer Politiker angesichts der Menetekel einer stagnierenden Wirtschaft Rückzugszonen der Familie wie der arbeitsfreie Sonntag in Frage gestellt wurden.

Aus alledem ergibt sich die Notwendigkeit neuer Ansätze für unsere Frauen- und Familienpolitik in mehreren Bereichen: bei der Konzeption eines Familienlastenausgleichs, bei dem Versuch, das gesellschaftliche Klima zugunsten von Familie und Kindern zu beeinflussen, beim Umgang mit den »neuen« Frauen. Die Frage, wie die CDU vor allem mit ihnen umgeht, läßt sich auch so formulieren: Bedarf es einer neuen CDU, um mit den Frauen umzugehen? – eine Frage, die sich gewiß spätestens bei einem Thema wie »Erziehungsgehalt« stellen wird. Die schon vielerprobte Innovationsfähigkeit der Christdemokraten wird sich hier wieder bewähren dürfen. Gelingt dies, haben wir ein großes Stück Zukunftsfähigkeit zurückgewonnen.

Die ehemalige Frauenministerin Claudia Nolte sieht die Frauen als die »Gewinnerinnen der modernen Welt«.[6] In einer Wirtschaft, die sich vom starr durchstrukturierten Großunternehmen mit seinen standardisierten Abläufen und Normarbeitsplätzen wegentwickelt, könnten Frauen ihr spezifisches Humankapital, ihre besonderen persönlichen Ressourcen zunehmend effizienter einsetzen. Als neue Unternehmerinnen seien sie mindestens so erfolgreich wie ihre männlichen Konkurrenten. Ihr Wunsch, am Erwerbsleben in einer Vielzahl von Varianten teilzunehmen, was Lebens- und Wochenarbeitszeit betrifft, werde unserem Land neue Impulse geben: »Frauen und Männer, ihre Kinder und die ganze Gesellschaft wären die Gewinner dieser Entwicklung.«[7] Bemerkenswert an dieser Projektion ist im übrigen die Tatsache, daß die teils erzwungene, teils von den Frauen begrüßte Erwerbstätigkeit in der ehemaligen DDR hier – auf die Grundlage freiwilliger Entscheidung gestellt – als spezifischer Beitrag der neuen Bundesländer zu unserer gesellschaftlichen Kultur erscheint: Auch das ist ein Schritt auf dem Weg weiteren Zusammenwachsens.

Versuchen wir, eine systematische Antwort auf die Frage nach den zukünftigen Möglichkeiten von Familienpolitik, auch im Sinne von Familienpolitik als Frauenpolitik, zu geben. Wir merken dann schnell, daß die Optionen sich zum einen einer »Politik mit Geld« zuordnen lassen und zum anderen einer »Politik ohne Geld«, wie sie unsererseits bei den familienpolitischen Initiativen im Hessischen Landtag eingefordert wurde.[8]

Die Grenzen einer Politik mit Geld sind einfach zu beschreiben: Erstens stoßen Bundeshaushalt und Länderfinanzen vorerst auf Schranken, solange keine wirkliche Steuerreform und ein andauernder Wirtschaftsaufschwung die finanziellen Spielräume wieder erweitern. Die Regierung von Bundeskanzler Helmut Kohl hat zudem einige Kraftakte zugunsten der Familie geleistet, die sich so ohne weiteres nicht wiederholen lassen – so denn die rot-grüne Koalition dies überhaupt wollte.

Zweitens neigt eine Politik mit Geld vor allem dazu, die Lösbarkeit von Aufgaben mittels finanzieller Transfers zu überschätzen und den Nutzen gestalterischer Phantasie in großen wie in kleinen Dingen zu unterschätzen. Das Erziehungsgeld ist eine gute Sache: Es hat Millionen von Frauen und jungen Ehepaaren geholfen, sich mit geringeren Sorgen ihren Kindern zu widmen, wohl auch sich für Kinder zu entscheiden. Noch wirksamer wird auf Dauer jedoch der Lerneffekt bei allen Beteiligten sein, daß – in Verbindung mit den Möglichkeiten des Erziehungsurlaubs – Frauen mit Kindern nicht die schlechteren Arbeitnehmer sind und daß es Wege gibt, Kinder und Berufstätigkeit miteinander zu vereinbaren. Das ist auf lange Sicht das entscheidende Signal.

Und schließlich lassen sich manche der Schwierigkeiten, die Familien und Kinder belasten, mit noch so viel finanzieller Zuwendung nicht beseitigen. Dies gilt ganz besonders für die Fülle der Probleme des Alltags, es gilt auch für die Stimmungslage in unserer Gesellschaft als ganzer. Verständnis für Familien und Kinder läßt sich nicht subventionieren, so wie man notfalls noch Frauenquoten in Unternehmen subventionieren könnte!

Ganz ohne Geld funktioniert eine Politik mit Phantasie jedoch auch nicht, jedenfalls da nicht, wo es sich um die dringliche Aufgabe eines Familienlastenausgleichs handelt. Um es noch einmal zu sagen: Eine strukturelle Ungerechtigkeit des jetzigen Rentensystems liegt in der Benachteiligung von Familien mit Kindern. Wir müssen aber hinzufügen: Daß ein Beitragszahler, der mehr eingezahlt hat – auch mehr einzahlen konnte – später eine höhere Rente erhält, ist nur das eine Problem. Eine Senkung der Beitragsbemessungsgrenzen würde diese Ungerechtigkeit zwar nicht beseitigen – sie ist wie gesagt eine strukturelle –, die Folgen jedoch abmindern und zugleich allen Beitragszahlern Spielräume für eine individuelle Vorsorge eröffnen. Doch dies nur nebenbei, nicht als systematisch gemeinter Vorschlag! Für die Zahlungsfähigkeit des Rentensystems und zugleich für eine gerechtere Behandlung der Familie und ihrer Leistungen für die Zukunft unserer Gesellschaft viel ausschlaggebender ist eine Neuberechnung der Investitionsraten in Vergangenheit, Gegenwart und Zukunft. Eine rein umlageorientierte Rente als fast ausschließliche Altersversorgung für das Gros der Menschen behindert die Gerechtigkeit zwischen den Generationen, d. h. eine gerechte Sparquote für die Zukunft.

Um diese Situation zu verbessern, sind verschiedene Methoden denkbar, die an unterschiedlichen Stellen ansetzen und auch durchaus unterschiedlichen Philosophien folgen. Eine Fortschreibung der Familien- und Frauenpolitik der Regierung Kohl ist in den Grenzen des Bundeshaushaltes denkbar: Erziehungszeiten könnten in noch größerem Umfang angerechnet werden; Erziehungsurlaub und Erziehungsgeld lassen sich ausbauen. Ein qualitativer Sprung wäre dies nicht mehr, auch keine Strukturreform, denn um den Punkt zu erreichen, an dem die Quantität der Zuwendungen einen Umschlag in Qualität bedeutet, reichen die verfügbaren Ressourcen nicht. Und es fragt sich ohnehin, ob dies der richtige Weg wäre. Wenn die rotgrüne Koalition jetzt das Kindergeld für das erste Kind von 220 DM auf 250 DM anhebt, ergeben sich Mehrbelastungen in mehrstelliger Millionenhöhe jährlich, ohne daß daraus ein grundlegender Wandel in der ökonomischen, geschweige denn der gesellschaftlichen Lage der Familie resultierte.

Familien könnten bei der Zahlung von Rentenversicherungsbeiträgen natürlich direkt entlastet werden. Wolfgang Schäuble hat vorgeschlagen, bei den Rentenbeiträgen während der aktiven Lebensphase einen Abschlag vorzunehmen, so daß durch geringere Beitragszahlung ein Ausgleich entsteht (F.A.Z vom 26. 8. 1998). Der Gedanke hat dies für sich, daß er die Familien dann entlastet, wenn sie das Geld am dringendsten brauchen, und nicht erst im Alter, wie das bei der Anerkennung von Erziehungszeiten bei der Rentenberechnung der Fall ist. Ein erheblicher Nachteil einer solchen Konstruktion zumindest zum jetzigen Zeitpunkt sind wegen der langen Übergangszeiten die Ausfälle an Zahlungen, wo man volle Beiträge bräuchte. Eine massive Mehrbelastung von Kinderlosen käme hinzu. Außerdem würde kurzfristig ein ohnehin äußerst angespanntes System zusätzlich belastet. Der Gedanke eines Rentensplittings, der den Faktor Familie und Kinder berücksichtigt, wäre wohl weniger risikoreich zu verwirklichen, verschöbe aber die Entlastung wiederum in eine entferntere Zukunft.[9] In dieselbe Richtung, mit demselben strukturbedingten Nachteil der Zeitverzögerung, wiese ein Zuschlag bei den erworbenen Rentenbezugspunkten je nach dem Familienstatus.

Entlastungen für Familien sind bislang weitestgehend unter drei Gesichtspunkten angedacht und politisch realisiert worden: Entlastung bei den direkten Kosten für die Kindererziehung vor allem via Kindergeld und Steuerrecht; materielle und strukturelle Erleichterungen bei der Vereinbarkeit von Arbeit und Kind; schließlich die unterschiedlichen Ansätze über die Umgestaltung der Sozialversicherung überhaupt. Diese griffen am tiefsten – wenn sie sich denn verwirklichen lassen, was heutzutage in allererster Linie eine Finanzfrage wäre, bevor sich anders motivierter Widerstand formieren könnte.

Eine Alternative, bei der Quantität tatsächlich in Qualität umschlüge, ist ein Erziehungsgehalt, für manchen Konservativen gewiß ein gewöhnungsbedürftiges Konzept. Es bedeutet eine Auflösung der Trennung von Erwerbsarbeit und Erziehungsarbeit und betrachtet beides, egal wer sie leistet, als Erwerbsarbeit. Wir würden sie dann auch so bezahlen und damit alle staatlichen Transferleistungen ersetzen, die die Nicht-Erwerbsarbeit begünstigen sollen wie Kindergeld, Wohngeld und Sozialhilfe, soweit sie von der Kinderzahl abhängen. Für dieses Einkommen würden alle einkommensrechtlichen Regelungen gelten, was seine Besteuerung und die Hinzurechnung zum übrigen Familieneinkommen angeht. Damit würde dann zwar eine unterschiedliche Lebensbiographie, aber keine zweitrangige Erwerbsbiographie mehr gewählt. Dieses System ist konsequent, logisch und attraktiv.

Innerhalb der CDU müßte dazu freilich eine politische Hürde überwunden werden, weil es dort manchem schwerfällt und weiterhin schwerfallen wird, Kindererziehung als wirtschaftliche Tätigkeit anzusehen wie etwa die einer Kassiererin in einem Supermarkt, einer Ärztin oder eines Ingenieurs. Einen Wertewandel muß ein solches Erziehungsgehalt indes nicht bedeuten, jedenfalls nicht in dem Sinn, daß damit der Wert von Kindern und Familie untergraben und durch materialistische Gesichtspunkte ersetzt würde. Zu Recht weist das zitierte Gutachten darauf hin, daß auch der unbestreitbare Wert von anderer Arbeit nicht unter der Entlohnung in barem Geld leidet. Im übrigen stellen sämtliche heutigen Transferleistungen und auch die Konzepte, die den indirekten Weg über die Reform der Rentenversicherung einschlagen, eine materielle Anerkennung von Familienarbeit und Erziehungsleistung dar. Die relevante Frage ist die nach der Effizienz.

Modellrechnungen aus dem Jahre 1996 ergeben, daß ein solches beitragsfinanziertes Erziehungsgehalt zum Teil sogar Überschüsse in der Staatskasse erzeugen könnte. Je nach den Ausgangsparametern – Alter der Kinder, bis zu dem ein solches Gehalt gezahlt wird; mögliche Wiedereingliederung von Arbeitslosen in freiwerdende Arbeitsplätze; Einnahmen aus der Versteuerung des Erziehungsgehaltes; Ersparnis an anderen Transferleistungen und vieles mehr – seien eine mehr oder weniger ausgeprägte Belebung der Wirtschaft sowie Nettomehreinnahmen für den Staat denkbar.[10]

Allerdings käme es zwischen den jetzigen Transfersystemen und ihren Leistungen und dem einfacheren System eines solchen Erziehungsgeldes zu immensen und schwer kalkulierbaren Umverteilungen, ähnlich wie bei einer radikalen Steuerreform. Der zusätzliche Finanzaufwand in den ersten Jahren, um das System aufzubauen und zu stabilisieren, wäre beträchtlich. Damit ist dies ein Zukunftsentwurf der dritten oder vierten Stufe, den man jetzt andenken, aber erst nach Bewältigung anderer Reformschritte realisieren kann. Sieht man auf die Veränderungsnotwendigkeiten der Großsysteme unserer Gesellschaft, dann gibt es hier eine bestimmte Reihenfolge: Umbau unseres Steuersystems hin zu größerer Wettbewerbsfähigkeit; Systematisierung und Vereinfachung der Transfersysteme in Richtung auf eine »negative Einkommensteuer«; in einer weiteren Perspektive die Neubewertung von Erwerbsarbeit und Erziehungsarbeit mit dem Erziehungsgehalt als möglichem Fluchtpunkt.

Die CDU-Fraktion im Hessischen Landtag hat im Rahmen der schon erwähnten Enquete-Kommission eine »Politik ohne Geld« gefordert, aus den oben bereits dargelegten Gründen, hauptsächlich aber aus finanziellen Erwägungen heraus. Die möglichen Politikansätze für ein familienfreundlicheres Hessen haben ihre Bedeutung über dieses Bundesland hinaus. Sie stehen für Optionen und Potentiale, die gesamtdeutsch auszuloten sind.

Kurt Biedenkopf hat zu Recht davor gewarnt, von der ausschließlichen Berufung auf unsere Werte zu viel zu erwarten: »Wir dürfen uns nicht allein auf Werte verlassen, denn Werte können sich nicht auf Dauer gegen ein andersartiges gesellschaftliches Verhalten, gegen andersartige gesellschaftliche Signale und gegen eine angebliche ökonomische Vernunft durchsetzen, die mit den Werten ganz oder teilweise inkompatibel ist.«[11]

Damit ist nicht gemeint, daß Werte politisch zweitrangig sind. Doch der Appell an sie reicht als politischer Steuerungshebel nicht aus. Ihre Verwirklichung bedarf bestimmter Rahmenbedingungen, die sich teils – aber eben nur teils – mittels finanzieller Transfers verbessern, jedoch meistens nicht schaffen lassen, und teils gesetzlicher Unterstützung bedürfen. Viel mühsamer ist es jedoch, eine »Stimmungspolitik« zu konzipieren, die die gesellschaftliche Atmosphäre zugunsten von Familie und Kindern verbessert sowie Männern und Frauen mehr Anerkennung für ihre Erziehungsarbeit verschafft.

Die Erfahrungen mit der polemischen Kraft der Begriffe in unserer politischen Kultur belegt hinreichend, daß bereits die Nomenklatur eine nachhaltige Wirkung entfaltet. Man denke nur an den Begriff der »Doppelverdiener«, den wir sozialem Neid und einer tiefverwurzelten Abwertung weiblicher Berufstätigkeit in unserem Land verdanken. Niemand hat je von »Doppelarbeitern« gesprochen. Von für uns aktueller Bedeutung ist der Begriff der »Fehlzeiten«: Wir werden sicherzustellen haben, daß die Zeit, die eine Frau überwiegend der Kindererziehung widmet, in unserer Art, Erwerbsbiographien zu schreiben, nicht länger als Fehlzeit betrachtet wird. Im Gegenteil werden wir eine Kultur dahingehend entwickeln müssen, daß diese Zeit als Phase zusätzlicher beruflicher Qualifikation definiert wird. Warum soll man eine Hausfrau nicht auch als Familienmanagerin bezeichnen? In dem Katalog von Fähigkeiten und Fertigkeiten könnte dies für viele Berufe qualifizierend wirken. Bisher unterlassen wir dies und zerstören das Selbstwertgefühl der Frauen – aber auch der bislang noch wenig zahlreichen Männer –, die sich für diesen Weg entschieden haben. Dies ist zugleich ein weiteres Beispiel für den destruktiven Umgang mit Begrifflichkeiten: In früheren historischen Zeiten stand »Hausfrau« gleichberechtigt neben dem »Hausherrn« als Inbegriff eines, modern ausgedrückt, integrierten Managements, zu dem auch in kleinbürgerlichen Haushalten die Beschäftigung von Mitarbeitern, die Sorge um die Vorratswirtschaft und die Organisation des Hauses als Zentrum nachbarschaftlicher Beziehungen stand.

Heute haben wir das Versäumnis aufzuholen, daß Frauen nach einer Erziehungszeit oft keine angemessene Perspektive geboten werden kann. So beschäftigen wir in Hessen einige hundert Gleichstellungsbeauftragte bei öffentlichen Institutionen, wir haben aber kein einziges ernsthaftes Programm, um Frauen, die Familienarbeit leisten, in ihrem Beruf so auf dem laufenden zu halten, daß sie später mit der Verbindung beider Qualifikationen in ihrem Beruf dieselbe Chance haben wie Frauen, die diese Familienarbeit nicht geleistet haben. Die einzige Begründung dafür – keine überzeugende, aber die zutreffende – ist die, daß wir es bisher nicht gewohnt waren, dies zu tun.

Es wäre ein bedeutender Beitrag zur gesellschaftlichen Kultur unseres Landes, die familienpolitische Diskussion in Deutschland dadurch zu entspannen, daß wir offen über die Vor- und Nachteile familienorientierter Erziehung sprechen – jenseits ideologischer Befrachtung seitens der etablierten politischen Denkströmungen. Gleichzeitig wäre klarzumachen, welche Bedeutung Familienarbeit und -management für unsere Gesellschaft auch unter dem Gesichtspunkt der Erwerbsarbeit hat, und den Eltern ein Angebot zu unterbreiten, wie sie die Erziehungszeit auch zum Nutzen ihrer zukünftigen beruflichen Qualifikation nutzen können. Dieser Ansatz wird dann allerdings Geld kosten, doch bietet ein solches Szenario die Chancen einer modernen Familienpolitik.

Daneben warten ohnedies, nach einem vielzitierten Brecht-Wort, die »Mühen der Ebene« auf uns, nämlich in erfindungsreicher Kleinarbeit die Familien- und Kinderverträglichkeit unserer gesellschaftlichen Umwelt zu prüfen. Damit sind wahrscheinlich weniger Lorbeeren zu holen: kürzere Wartezeiten bei Behörden und öffentlichen Einrichtungen für Familien; Förderung für Betriebskindergärten, auch wenn das Unternehmen selbst der Träger ist; bevorzugte Behandlung von Kindergärten und -spielplätzen beim Lärmschutz.[12] Eines bleibt allerdings zu berücksichtigen: Eine solche Prüfung auf Familien- und Kinderverträglichkeit könnte sich in Zukunft systematisch auf größere Politikvorhaben und gesellschaftliche Entwicklungen erstrecken.

Bei alledem dürfen wir die Familie nicht überlasten, auch nicht überfrachten. Was soll sie nicht alles leisten? Ihre zumindest intendierte Bevorzugung durch unsere Verfassung verdankt sie wesentlich der Einsicht, sie sei ein unverzichtbarer Stabilitätsfaktor in unserer Gesellschaft, der Ort, an dem kleine, junge Menschen eine Chance erhalten, zu tatsächlich erwachsenen reifen Bürgern zu werden. Schon diese Aufgabe stellt unter modernen Bedingungen höchste Anforderungen, denn »die Gesellschaft« erzieht mit – teils verantwortlich, teils unverantwortlich –, ob es die Schule mit ihren zunehmenden Ansprüchen an die Zeit der Kinder ist, die Medien oder einfach nur öffentliche Meinung und Mitmenschen. Auch die Ansprüche an die emotionalen Leistungen der Familie sind in einem historisch nicht gekannten Ausmaß gewachsen: Familien, die sich so intensiv, gefühlsbetont und pädagogisch informiert wie heute um die Kinder kümmern, hat es in der deutschen Vergangenheit nur in ganz schmalen Schichten der Gesellschaft gegeben. Wir werden auch nicht vergessen dürfen, daß die Eltern aus diesen Familien gleichzeitig eine Hochleistungsgesellschaft in ökonomischer Hinsicht am Laufen halten sollen.

An solchen inneren Widersprüchen leidet mitunter auch christlich-demokratische Gesellschaftspolitik. Die moderne Gesellschaft mit ihrer Flexibilität, ihren Leistungsanforderungen – dies habe ich an anderer Stelle in diesem Buch bereits gesagt –, so wie auch wir sie fordern und mit ihren gesteigerten Möglichkeiten auch nutzen, ist nicht per se familien- und kinderfreundlich, eher das Gegenteil. Die bloße Einsicht, daß intakte Familien und eine größere Zahl von Kindern etwas Schönes wären und die Gesellschaft humaner machten, hilft wenig gegen die tatsächlichen Entwicklungen. Welche Opfer materieller Art und welchen Einsatz an politischer Gestaltungsphantasie wir aufbringen, um gegen den Strom zu schwimmen, wird die Aufrichtigkeit unserer Familienpolitik und unserer Wertorientierungen beweisen.

1 Wolfgang Schäuble, Und der Zukunft zugewandt, Berlin 1994, S. 110.

2 Zum Beispiel Schmidt-Bleibtreu/Klein, Kommentar zum Grundgesetz; hier wurde die 5. Auflage von 1980 herangezogen, S. 217–224.

3 Antrag der CDU-Fraktion des Hessischen Landtages zur Einsetzung der Enquete-Kommission, Landtagsdrucksache 14/2032, 8.8.1996. Zu diesem Antrag kamen, zusammen mit den anderen Parteien, noch Ergänzungsanträge.

4 Otfried Hatzold, Christian Leipert, Erziehungsgehalt. Wirtschaftliche und soziale Wirkungen bezahlter Erziehungsarbeit der Eltern, Freiburg i. B. 1996. Dieses Gutachten wurde für den Deutschen Arbeitskreis für Familienhilfe e.V. erstellt.

5 Siehe Schäuble, S. 124ff. (vgl. Anm. 1). Es ist bezeichnend, daß die maßgebliche Darstellung der Geschichte der Bundesrepublik Deutschland zwar ausführlich auf die Rentenreform und auch auf die damals sich schon abzeichnenden Finanzprobleme eingeht, den familienpolitischen Aspekt jedoch überhaupt nicht erwähnt; Hans-Peter Schwarz, Die Ära Adenauer 1949–1957, Wiesbaden 1981, S. 327–336.

6 Claudia Nolte, Frauen sind die Gewinnerinnen der modernen Welt. In: Matthias Wissmann (Hg.), Leitbild auch für morgen: Die soziale Marktwirtschaft, München 1998, S. 87–92.

7 Ebd., S. 92.

8 Vgl. Anm. 3.

9 Siehe Schäuble, S. 126 (vgl. Anm.1).

10 Vgl. Anm. 4.

11 Kurt Biedenkopf, Es zählt nicht nur Erwerbsarbeit. Der Generationenvertrag muß neu begründet werden. In: Frankfurter Allgemeine Zeitung, 31.8.1998, S. 11.

12 Sämtliche Beispiele aus dem Antrag der CDU-Fraktion des Hessischen Landtages zur Einsetzung der Enquete-Kommission (vgl. Anm. 3).

Den Wettbewerb der Länder stärken

Die Neuvermessung staatlicher Aktivitäten gilt auch für das Verhältnis zu den Bundesländern, die sich innerhalb Deutschlands und in Europa einem Wettbewerb der Regionen werden stellen müssen. Dazu bedarf es klarer Abgrenzung zwischen dem, was auf nationaler Ebene getan werden muß, und dem, was die Länder leisten können. Größere Flexibilität und Dynamik, die dadurch möglich werden, stärken auch die Leistungsfähigkeit Deutschlands im ganzen.

Weniges darf als so typisch für die Verfassung Deutschlands und seine politische Kultur gelten wie seine föderale Struktur, in der die Länder und der Bund als letztlich gleichberechtigt angelegt waren: Der Bund besteht aus Staaten, die Rechte an ihn abtreten, er ist nicht umgekehrt ein Zentralstaat, der den Bundesländern Rechte gewährt. Daß die Bundesländer jeweils eigene Verfassungen haben, unterstreicht dieses Verhältnis. Ursprünglich konnten und sollten die Länder mit ihren Regierungen und Parlamenten in vielen Bereichen eine eigenständige Politik betreiben können – im Rahmen der Bundesgesetze und der gemeinsamen Verfassung. Der Bundesrat war als Schützer der Länderinteressen gegenüber dem Bund konzipiert, eine Art zweiter Kammer, wenn auch mit eher indirekter demokratischer Legitimation.

Wohin steuert unser Föderalismus?

Die Entwicklung in nahezu 50 Jahren hat eine so nicht vorausgesehene Richtung genommen. Heute plädiert sogar der scheidende Chef der Hessischen Staatskanzlei, Hans Joachim Suchan, für eine Reform des Bundesrates und meint, dieser sei »zu mächtig geworden«.[1] Wie kam es dazu, und welche weiteren Auswirkungen hat diese Machtverschiebung?

Seit der Mitte der 70er Jahre, so Suchan, habe der Bund seine Kompetenzen zunehmend ausgeschöpft, mit der automatischen Folge, daß das Mandat des Bundesrates sich entsprechend erweiterte. Diese anti-föderale Entwicklung finde einen Höhepunkt bei der Ratifizierung des Vertrages über die Europäische Union vom 7.2.1992, als die Länder »verfassungsrechtlich legitimierte Mitwirkungsbefugnisse des Bundesrates« bei der »Willensbildung des Bundes in Europaangelegenheiten« durchsetzen konnten.

Im Gegensatz zu anderen Verfassungsorganen habe sich die Zielrichtung des Bundesrates qualitativ gewandelt, nämlich hin zur aktiven Beeinflussung der Bundespolitik. Für die Länder bedeute dies, daß die Länderregierungen, nicht sie selbst stärker geworden seien. Verlierer dabei seien die Länderparlamente. Der Bundesrat könne die demokratisch legitimierten Politikvorhaben des Bundestages und der Bundesregierung auf längere Zeit abbremsen, was als Fehlentwicklung anzusehen sei. Hinter dieser eingefahrenen Praxis stehe eine Besonderheit unserer politischen Kultur, politische Legitimität möglichst aus einem Generalkonsens zu beziehen anstatt aus einem klaren Auftrag und Profil. Dieser Generalkonsens verwässere und lähme indes die Politik. Etwas anderes sei jedoch mitursächlich: Die zunehmende Komplexität von Gesetzesmaterien diene – zu Recht, so Suchan – der Verschiebung legislativer Initiative zu den Ministerialbürokratien, seien es die der Länder oder die des Bundes. So komme es denn auch dazu, daß erst Bundesregierung und Bundesrat untereinander Gesetzesvorlagen austauschten, bevor der Bundestag zu ihnen Stellung nehmen könne. Insofern wirke sich die Regelungsdichte nachteilig auf die demokratische Substanz unserer Politik aus. Die Länderregierungen indes würden es mittlerweile als bequemer empfinden, Initiativen des Bundes abzuwarten, um diese dann durch den Bundesrat mitzugestalten, als eigene Vorhaben im Landtag gegen mögliche parlamentarische Widerstände durchzusetzen.

Am gravierendsten, so der Chef der Hessischen Staatskanzlei schließlich, sei die lähmende Wirkung solcher Verfahren für innovative Politikvorhaben. Davon sei auch die Landespolitik betroffen, die eigentlich gute Chancen hätte, in einem begrenzten Raum landesspezifische Experimente zu wagen und dem jeweiligen Bundesland ein eigenes Profil zu verleihen.

Dieser Analyse, die immerhin von einem Vertreter einer rot-grünen Regierung stammt, ist wenig entgegenzuhalten. Sie setzt im Gegenteil ein erfreuliches Zeichen politischer Vernunft über Parteigrenzen hinaus zugunsten des Föderalismus und ist letztlich ein Plädoyer für den Einstieg in eine Reform des Föderalismus, die nicht nur den Bundesrat betrifft, sondern eine ganze Reihe weiterer Themen: den Neuzuschnitt von Kompetenzen zwischen Bund und Ländern; damit zusammenhängend Neuzuweisungen im Bereich der Steuereinnahmen, ohne die keine wirkliche Steuerreform möglich sein wird; das Verhältnis der Bundesländer untereinander, auch unter dem Gesichtspunkt des Länderfinanzausgleichs; schließlich das Selbstverständnis der Bundesländer in einem integrierten Europa mit wachsendem Gewicht der Regionen.

Doch kaum ein so kluger Konsens, schon kommt auch der Konflikt mit herauf. Schröder und Lafontaine als Kanzler und Finanzminister der rotgrünen Republik sind die Dauerverlierer des föderalen Wettbewerbs des vergangenen Jahrzehnts. Und so gibt es – schließlich selbst bei Suchan – den roten Kampfbegriff, den »Wettbewerbsföderalismus:, Die Stärkung des Föderalismus dürfe nicht zum Wettlauf der Länder führen. Genau dies aber ist das Gebot der Zeit. Die Bundesländer sind mit ihren Leistungen im Bildungswesen, in der Kriminalitätsbekämpfung, bei der Staatsfinanzierung und bei der Zahl der geschaffenen Arbeitsplätze die jeweiligen benchmarking-points der anderen Länder. Jeder, der schlechter ist als der andere, muß sich fragen lassen, warum dies so ist und muß den besseren übertreffen wollen. Wer das aufgeben wollte, zerstört einen der beiden entscheidenden Vorteile des föderalen Staatsaufbaus.

Ein Wettbewerb der Länder ist sehr wohl möglich, und man muß ihm nicht unterstellen, er würde mit einem Kahlschlag des Länderfinanzausgleichs und der Vernachlässigung sozialer und anderer Probleme zum Beispiel in den neuen Bundesländern einhergehen müssen. Auch hier wird die Anfangsphase am schwierigsten werden. Die deutschen Länder sind weitgehend historisch gewachsen und sehr unterschiedlich strukturiert, sie können natürlich nicht einfach wie gleichartige Unternehmen auf einem gemeinsamen Markt behandelt werden. Auf erheblich gewandelte Ansprüche vor allem hinsichtlich der Wettbewerbsfähigkeit sind sie nicht gleichermaßen zugeschnitten. Doch geht es ja auch gar nicht um einen »Föderaldarwinismus« unter den deutschen Bundesländern, sondern um ein neues Verständnis von deren zukünftiger Rolle innerhalb Deutschlands und innerhalb einer immer stärker integrierten Europäischen Union.

Es muß zu einem verstärkten Wettbewerb der Bundesländer untereinander kommen – und es gibt ihn bereits. Deutsche und ausländische Investoren prüfen selbstverständlich, welches Bundesland ihnen die besten Standortbedingungen bietet: Dabei ist das politische Klima als Argument sicher von Bedeutung – wie das auf internationaler Ebene gleichfalls gilt. Die Standortfaktoren sind vielfältig, doch es kommt vor allem auf den Ausbau der materiellen Infrastruktur und das vorhandene Potential in der Erwerbsbevölkerung an. Dabei wird immer deutlicher, daß die Verkehrsinfrastruktur der von den Bundesländern am besten eigenständig zu gestaltende Vorteil ist. Gerade hier schaden rot-grüne Landesregierungen den Interessen der von ihnen regierten Bundesländer mehr, als viele wahrhaben wollen.

Natürlich kann ein Bundesland ein eigenständiges Profil entwickeln, ohne daß damit die grundsätzliche Solidarität aufgegeben werden müßte. Richtig ist an solchen Bedenken, daß es einige erhebliche Unterschiede im Potential zwischen den Ländern gibt. Das Paket, das wir zur Reform des deutschen Föderalismus zu schnüren haben, ist entsprechend groß: Verwaltungsreformen von der kommunalen bis hin zur Bundes- und europäischen Ebene, Einbeziehung der allgemeinen Steuerreform, Verfassungsänderungen und als letztes, doch nicht unbedeutendstes, ein Umdenken in Sachen Föderalismus. Selbst die Welt der Bundesländer wird unternehmerischer werden.

Es gilt, den Ländern im Kräftedreieck Bundesregierung – Bundesrat – Länderregierungen wieder mehr Gewicht zu verschaffen. Ein Patentrezept dafür kann es nach Lage der Dinge nicht geben, denn die Nutznießer der bisherigen Macht- und Kompetenzverschiebungen sind zugleich diejenigen, die eine Neuentwicklung blockieren können.

Die Länder – und zwar alle – müssen versuchen, in einer neuen Unabhängigkeit vom Bund ihr jeweiliges Profil zu entwickeln und ihre spezifischen Stärken auszuspielen. Dies kann nur gelingen, wenn auf eine schematisch verstandene Einheitlichkeit der Lebensverhältnisse verzichtet wird. Warum sollen die so unterschiedlich gestalteten Bundesländer auf ihre Traditionen und Eigenarten verzichten? Vermittler neuartiger Dienstleistungen, die klassische, aber radikal modernisierte Industrie, Verkehrs- und Handelsknotenpunkt, Tourismuszone für benachbarte Ballungsräume, rentable ökologische Landwirtschaft – die Auswahl ist groß, und eine Konzentration auf einiges davon wird mehr Erfolg versprechen als eine kostenträchtige und den regionalen sowie historischen Gegebenheiten zuwiderlaufende Vereinheitlichung.

Freilich werden wir hier die ideologischen Relikte einer ganzen Epoche unserer bundesdeutschen Geschichte zu überwinden haben, während derer ein breiter Konsens darüber bestand, daß Unterschiede innerhalb der Gesellschaft und des Landes Deutschland als solchem nicht tolerierbar seien. Dies hat sich bis in die Alltagskultur hinein ausgewirkt, der Umverteilung in Sozial- und Steuerpolitik entsprach eine lähmende Gleichmacherei.

Wir sind längst über das herkömmliche industrielle Wirtschaftsschema hinausgewachsen. Nicht, daß es auch noch in dem letzten romantischen Mittelgebirgstal aussieht wie in einer mißglückten Großstadt oder sich in sämtlichen Stadtzentren derselbe uniforme Charme der Fußgängerzone ausbreitet, wird dem Geist des Grundgesetzes gerecht. Die Lebens- und Einkommenschancen sollen vergleichbar sein. Dabei gilt es zu bedenken, daß Gewinn und Verlust im materiellen wie im immateriellen Sinn häufig nebeneinander stehen. Den möglicherweise etwas geringeren Einkommen und der weniger üppigen Versorgung mit städtischen Angeboten haben ländlich geprägte Regionen andere Qualitäten entgegenzusetzen. Die Bevölkerungsbewegungen in Deutschland sprechen eine deutliche Sprache: Auf den Zug in die Städte des Industriezeitalters folgt heute ein Rückstrom in kleine Ortschaften – und sei es nur in Form einer zweiten Wohnung oder des Dauercampingplatzes. Am Ende wird man auch die Bürger mitentscheiden lassen müssen, welches Profil sie für ihre Stadt und ihre Region innerhalb eines Bundeslandes wünschen und was sie sich für ihr Bundesland erhoffen.

Damit müssen sich dann auch die Landespolitiker ihren Wahlbürgern stellen und erklären, warum die Ergebnisse anderer Bundesländer besser sind. Für das Land Hessen wäre dann eine Rechtfertigung der Tatsache gefordert, daß die Wirtschaftskraft des Landes so stark am Tropf der Metropole Frankfurt hängt oder daß keiner der hessischen Arbeitsamtsbezirke im bundesdeutschen Spitzenbereich plaziert ist, wohl aber viele aus Bayern und Baden-Württemberg. Insofern hilft eine gründliche Revision des Transfersystems, Transparenz über die landespolitischen Leistungen zu schaffen.

Ganz unbestritten erfordert ein solcher Wettbewerb auch dann, wenn er der schnelleren Entwicklung aller Länder dient und nicht auf die Herausbildung irgendeiner Dominanz und gravierender Wohlstandsunterschiede gerichtet ist, daß wir über das föderale System in unserer Republik nachdenken. Ein Umbau des bestehenden Systems von Steuerzuweisungen, Aufgabenverteilung und Transfersystem hat selbstverständlich Verfassungsrang, wie alles, was die Neuvermessung von Gewichten zwischen Bund und Ländern berührt. So ist die Steuerverteilung zwischen Bund und Ländern heute weitestgehend eine Angelegenheit des Verfassungsrechts, ähnliches gilt für die Zuordnung von Kompetenzen. Überall muß der Konsens zwischen Bund und Ländern gesucht werden. Das alles läßt sich in unserem Grundgesetz in den Artikeln 70 und folgende nachlesen. So lautet heute die Schlüsselfrage eines modernen deutschen Föderalismus: Welche Rechte haben die verschiedenen Ebenen, welche Behinderungsrechte stellt man der einzelnen Ebene noch zur Verfügung? Man kann auch weiterfragen: Das überkommene System der »checks and balances« hat – aus historisch nachvollziehbarem Mißtrauen geboren – seinen guten Grund in der Begrenzung von Macht. Das heißt in der politischen Praxis: Umfang, Tempo und Wirkung gestaltender Eingriffe werden massiv beschränkt. Wir werden zumindest darüber nachdenken müssen, ob das Element des Mißtrauens nicht zu stark geworden und gelegentlich zur Quelle so gar nicht gewollter Gegenmacht geworden ist.

Wir haben heute eher einen Wettbewerb in der Disziplin der Blockade als in zukunftsorientierter Gestaltung. Sollte dieser Zustand andauern, könnten wir bald wieder die Zustände des alten Heiligen Römischen Reiches Deutscher Nation erreichen: Unübersichtlichkeit, Unbeweglichkeit, wechselseitige Lähmung durch die Wirrnis gewachsener und in Besitzstandsdenken sklerotisierter Strukturen. Es gilt mithin, Blockaden aufzulösen, Veränderungen des Gewordenen überhaupt für machbar und vor allem für wünschbar zu halten. Es ist nicht so, daß wir in der Bundesrepublik Deutschland nicht eine Fülle von Veränderungen auf allen Ebenen erlebt hätten, doch häufig war dies sozusagen ein kumulativer Prozeß: Neue Strukturen überlagerten und verflochten sich mit den alten, am besten abzulesen am ständig wachsenden Umfang unserer Gesetzeswerke. Niemand fordert eine Politik der tabula rasa, doch manchmal erinnern die Verfahrensweisen auf der politischen Ebene an die Anekdote von dem Bürochef, der auf die Frage seiner Sekretärin, ob man denn nicht endlich die Altablage des vergangenen Jahrzehnts vernichten könne, zur Antwort gibt: »Natürlich, machen Sie aber erst drei Sicherungskopien von allem!«

Die Aufteilung der politischen Struktur unseres Landes in verschiedene Ebenen hat immer noch seinen guten Sinn – auch wenn die ursprünglichen Motivationen zum Teil durch andere Gesichtspunkte abgelöst worden sind. Der Grundgedanke ist heutzutage die Ablehnung zentralistischer Strukturen in der Erkenntnis, daß in einer immer schnelleren und flexibler werdenden Gesellschaft – die auch flexibler werden muß – zentrale Strukturen zu schwerfällig und zu teuer sind. Wir müssen deshalb versuchen, unser Leben so weit wie möglich dezentral zu regeln, und andererseits einige wesentliche Elemente zentral gestalten, damit die Dezentralität sich nicht nur im Konflikt begegnet.

Dabei heißt das Gehäuse der Zukunft Europa. Als Rahmen, in dem sich alle Bürger und Gemeinwesen bewegen, wird ein europäisches Recht fungieren, das viele Lebensbereiche grundlegend regelt. Die dazugehörige Exekutive wird die rechtlichen Vorgaben umsetzen und auch die regionale Ausdifferenzierung der rechtlichen Rahmenbedingungen ermöglichen. Neben einer europäischen Regierung und einem Europäischen Parlament werden die Bundesländer noch lange Zeit eine sehr starke Funktion haben. Die Dezentralisierung wird natürlich nicht auf der Ebene der Nationalstaaten, in unserem Falle also des Bundes, enden. Dafür sprechen Vernunftgründe und unsere historische Tradition, die die Verfassung prägt.

Dies sind jedoch eher langfristige Perspektiven. Wir sind ja immer noch erst dabei, ein Europäisches Parlament aufzubauen, das wirkliche Kontrollfunktionen ausüben kann. Und eine Epoche schneller Erweiterung der Europäischen Union und ständig fortlaufender, auch außen- und sicherheitspolitisch heikler Debatten wegen neuer Erweiterungen ist kaum eine geeignete Zeit für eine gründliche Struktur- und Verfassungsdiskussion.

Mittelfristig bedeutet Föderalismus, daß die Bürger durch die Arbeit der Landesparlamente, sowohl bei der Gesetzgebung als auch bei der Verwaltungskontrolle, berührt werden. Das ist von entscheidender Bedeutung. Die Aktivitäten der Landesparlamente betreffen heute zu mehr als zur Hälfte die Verwaltungskontrolle, auch wenn davon Gesetze tangiert werden, die vom Bundestag beschlossen wurden. Wir müssen nur an die Auseinandersetzungen um die Kernkraftwerke denken: Immer handelte es sich um Entscheidungen der Landesparlamente, obwohl die Länder in Fragen der Ausnutzung des Energieversorgung keine Kompetenzen haben. Es ging aber um die Frage der Ausübung des rechtmäßigen Ermessens der Landesregierungen bzw. -verwaltungen als ausführende Verwaltungsorgane für Bundesgesetze. Diese Aufgabe, die Gesetze gegenüber dem Bürger in die Wirklichkeit des Verwaltungshandelns umzusetzen, ist bei mehr als 90 Prozent unserer Gesetze den Landes- und Kommunalverwaltungen übertragen worden. Hier sind die Landesparlamente der einzige Anwalt des Bürgers gegenüber dem Fleiß einer immensen Administration, die tagtäglich neue Verwaltungsakte erläßt.

Das Landesparlament allein in Hessen zum Beispiel hat die Arbeit der rund 160 000 Landesbediensteten zu kontrollieren. Wollte der Deutsche Bundestag bundesweit in diese Kontrollaufgaben eintreten, müßte er rund 5 Millionen öffentlich Bedienstete in ihrem Verwaltungshandeln überwachen. Eine solche Kontrolle ist undenkbar und würde zu einer völligen Verselbständigung der dezentralen Administrationen führen. Von daher ist auch verständlich, daß im zukünftigen Europa die Aufgabe der Verwaltungskontrolle und der regionalen Anpassung bei den Landesparlamenten liegen wird. In absehbarer Zukunft wird deshalb eher die Rolle des Bundestages zu diskutieren sein. Das deutsche Parlament wird immer mehr die entscheidend wichtige Aufgabe zu übernehmen haben, ein Sprachrohr für die Wahrnehmung deutscher Interessen in Europa zu werden. Die Rechtssetzung mit prägender Wirkung für die einzelnen Bundesländer wird dahinter an Bedeutung zurücktreten.

Dieser Rollenwechsel wird die politische Debatte in den nächsten Jahren prägen und auch für Konflikte um Kompetenzzuweisungen sorgen. Wir müssen sehr frühzeitig darauf achten, daß zwischen Bund und Ländern Strukturen entstehen, die eines sicherstellen: Die Veränderungen in den Zuständigkeitsbereichen der Parlamente im Verlauf der Entwicklung hin zu einem gemeinschaftlichen europäischen Staatengebilde dürfen nicht zu immer mehr gegenseitiger Blockade führen. Mit dieser Fragestellung ist man bei einem weiteren zentral wichtigen Themenkomplex: Welche Rahmenbedingungen des Bundesrechts werden auch morgen und übermorgen noch Bestand haben? Wie kommt man zu einer Klärung über gemeinsame und getrennte Finanzierungsströme in der Zukunft? Und in welchen Bereichen können die Länder in eben dieser Zukunft »rücksichtslos« autonom sein und damit ihre politischen Wertvorstellungen eigenständig gestalten?

Im föderalen Staat von morgen sollte es möglichst wenig Gemeinschaftsaufgaben geben. Das in der Verfassungsreform der späten 60er Jahre eingeführte Prinzip staatlicher Gemeinschaftsaufgaben mit daraus folgender Mischfinanzierung hat sich nicht bewährt. Im Gegenteil: Seine Ergebnisse lauten ineffiziente Bürokratisierung und wechselseitige Zuschiebung von Verantwortlichkeiten. Die Haushaltsmoral wird dadurch untergraben, daß in diesem System derjenige, der Mittel für etwas beantragt, den größten Teil davon nicht selbst aufbringen muß. Häufig wird dann die Allokation von Finanzmitteln von sach- und fachfremden Erwägungen mit getragen – nach dem Motto: »Man kann doch den Zuschuß nicht verfallen lassen.«

In diesen Zusammenhang gehört aber auch ein anderes Problem: Es geht nicht an, daß die Länder nahezu kein eigenes Steuerfindungsrecht und kaum ergiebige Steuerquellen haben. Die Länder sind fiskalisch inzwischen das schwächste Glied in unserem föderativen Staat. Zwar steht ihnen bei einigen »Nischensteuerarten« wie der Kfz- und der Grunderwerbsteuer die Ertragskompetenz zu, die Gesetzgebung wird jedoch maßgeblich vom Bund vorgenommen. Die Länder haben lediglich bei den sogenannten Bagatellsteuern wie Hunde- und Verpackungssteuer, deren Erträge allerdings der kommunalen Ebene zustehen, und der Kirchensteuer die Gesetzgebungskompetenz. Hingegen sind die großen Steuern wie Lohn- und Einkommensteuer sowie Umsatzsteuer, die zudem bedeutende Erträge bringen, Gemeinschaftssteuern. Während vom gesamten Steueraufkommen im Jahre 1998 8 Prozent auf Gemeindesteuern und 17 Prozent auf Bundessteuern entfielen, hatten die Ländersteuern gerade einmal einen Anteil von 4 Prozent, die Gemeinschaftssteuern hingegen von 71 Prozent. Diese Gemeinschaftssteuern unterliegen der gemischten Beschlußfassung der Verfassungsorgane. Dies bedeutet jedoch, daß wegen jeder Steuerart ein grundlegender Streit über das Steuersystem und die Verteilung der Einnahmen ausbricht.

In Zukunft muß es eindeutige Bundessteuern und eindeutige Landessteuern geben. Der Löwenanteil hat der jeweiligen Ebene der staatlichen Gliederung zur Verfügung zu stehen, während unter dem Ausgleichsaspekt nur ein geringer Teil in Anspruch genommen werden darf. Die jeweilige Ebene muß dann auch die zentrale Entscheidungskompetenz besitzen. Am Beispiel der Umsatz- und Einkommensteuern läßt sich dies gut demonstrieren: Verbleiben diese beiden Steuerarten bei Bund und Ländern, muß zwischen Bundestag und Bundesrat die Letztentscheidungskompetenz über die Höhe der Steuern auf die jeweilige Ebene verlagert werden.

Es gilt auch hier, die Entwicklungsperspektiven im Auge zu behalten:

Der erste Schritt hat zu sein, Aufgabenstellungen zu trennen und die Mischfinanzierungen aufzugeben. Danach müssen die einzelnen Steuerarten Bund, Ländern und auch Gemeinden zugeordnet werden – und zwar so, daß die jeweilige Ebene zumindest kollektiv über die Höhe der zugeordneten Steuer befinden kann, ohne daß die jeweils andere Ebene dies verhindern darf. Drittens werden wir langfristig eine leistungsabhängige Regionalisierung von Steuereinkünften möglich machen müssen. Damit diese im Interesse eines allgemein produktivitäts- und effizienzsteigernden Wettbewerbs von den Bundesländern auch verkraftet werden kann, müssen diese eine Größe haben, in der sie dauerhaft lebensfähig sind.

Wenn wir davon ausgehen, daß ein Politiker von heute nicht die Zeitperspektive eines Methusalem hat, wird es sich dabei darum handeln, die Lage der Stadtstaaten Berlin, Hamburg und Bremen sowie des Saarlandes zu verändern, weil dies überhaupt die Voraussetzung für eine Regionalisierung der Steuererhebungsrechte ist. Wenn man nämlich diesen zu kleinen Ländern die Möglichkeit eigener Steuerfindung und die Verpflichtung eigenverantwortlicher Finanzierung gibt, zwingt man sie dazu, als Standort unattraktiv zu werden, denn ihre zu geringe Größe treibt sie dazu, die Margen für eigene Steuern gegenüber den Bürgern bis zur Höchstgrenze auszuschöpfen, um ihren Finanzierungsverpflichtungen nachkommen zu können.

Dazu gehört dann auch, daß der Länderfinanzausgleich als Verfassungsinstrument zur Herstellung vergleichbarer Lebensverhältnisse so gestaltet wird, daß es zu Wettbewerb statt Nivellierung – und sogar Übernivellierung – kommt. Wenn man ein differenziertes Steuerfindungsrecht und größere Autonomie bei den Finanzeinnahmen geschaffen hat, wäre es unsinnig, all das zum Nullsummenspiel zu machen. Die Unsinnigkeit der Nivellierung kann man bereits am heutigen System ersehen: Der hessische Steuerbürger verschafft dem Staat fast 50 Prozent mehr Einnahmen als der saarländische, doch nach allen Transfers im Rahmen des Länderfinanzausgleichs stehen dem Hessen weniger Steuereinnahmen zur Verfügung als dem Saarländer. Dies ist als System genauso inakzeptabel wie bei der reformbedürftigen Individualbesteuerung der Bürger.

Die Maxime für eine zukunftsfähige Umgestaltung unserer Steuersysteme, die wirklich Verfassungsrang erhalten sollte, lautet: *Steuerausgleichssysteme müssen immer so organisiert sein, daß ein wirtschaftlich leistungsfähigeres Land schließlich auch nach den Transfers mehr behält als ein weniger leistungsfähiges Land.* Not- und Solidaritätsausgleich darf nicht zu einer Überprivilegierung führen. Für die neuen Bundesländer besteht dabei natürlich noch für eine geraume Zeit eine Sondersituation. Die Debatte duldet ganz gewiß keinen so langen Aufschub wie die vollständige Erneuerung des Gesamtsteuersystems. In den nächsten Jahren muß es hier zu praktischen Konsequenzen kommen, weil sonst der Wettbewerb der Regionen leidet. In einem Bundesland wie Hessen ist es schon nicht mehr attraktiv, Steuerhinterziehung zu bekämpfen, weil 90 Prozent jeder zusätzlich eingenommenen D-Mark an andere Bundesländer abgeführt werden müssen. Das lähmt den Leistungs- und Profilierungswillen und darf deshalb nicht fortgeschrieben werden.

Für diese Reformen müssen wieder klarere Aufteilungen zwischen Bundes- und Länderkompetenzen geschaffen werden. Der vom Volk gewählte, also demokratisch eindeutig legitimierte Bundestag muß mehr beschließen können, ohne daß ihn der Bundesrat hindert. Dies ist der eine Aspekt. Zum anderen müssen die Länder wieder mehr Kompetenzen erhalten, ohne den Bundesrat konsultieren zu müssen. Leicht wird dieser Weg nicht sein: Nicht nur, daß eine weitreichende Verfassungsänderung notwendig wird, auch die Bundesländer werden sich in ihrem Koordinierungsbestreben selbst beschränken müssen. In der Bundesrepublik Deutschland gibt es heute mehr als 600 Gremien, die sich tagaus tagein mit der Koordination von Länderaufgaben beschäftigen. In diesem unüberschaubaren Geflecht versucht jeder, ständig auf den anderen Rücksicht zu nehmen, tausende von Beamten halten ständig Konferenzen ab: die Praxis unseres Drangs zum konfliktarmen Generalkonsens. Die Länder müssen sich ein ganzes Stück weit nach ihrem eigenen Willen entwickeln dürfen statt nach Merkblättern von Verwaltungsbeamten ohne eigene demokratische Legitimation.

Und Europa?

Die Aufgabe, den deutschen Föderalismus neu zu gestalten, stellt sich zugleich auch im Blick auf die fortschreitende europäische Integration. Wie wird diese die Bedeutung der Nationalstaaten berühren? Das Schlagwort vom Europa der Regionen hat sich längst für die Erwartungen – oder vielleicht auch Befürchtungen – eingebürgert, die sich mit der Weiterentwicklung der Europäischen Union verbinden.

Wie immer man auch Europa nennen und wohin es sich entwickeln mag, Bundesstaat, Staatenbund oder am ehesten ein neues Gebilde eigener Art, wesentliche Teile der rechtlichen Rahmenbedingungen auf Gebieten wie Außenpolitik, Wirtschaft, Recht, Ausländerfragen werden durch ein europäisches Parlament und eine europäische Regierung bestimmt werden. Die anschließende Aufgabe heißt dann, die Ableitungen aus diesem Recht in Form von Gesetzen und Verwaltungshandeln zu kontrollieren. In Deutschland ist dies Sache der Bundesländer, so daß dem Bundestag und der nationalen Regierung häufig nur noch eine Moderatorenfunktion zwischen nationaler Interessenwahrnehmung im klassischen Sinne und europäischer Rechtsetzung verbleiben wird. Im Vergleich zur Vergangenheit reduziert das den Einfluß nationaler Parlamente und nationaler Politik eindeutig. Zum Beispiel werden für ein autonomes Steuerrecht nur noch schmale Korridore übrigbleiben, wenn einerseits die Rahmenvorgaben der Europäischen Union zu berücksichtigen sind und andererseits die neue Steuerautonomie der Bundesländer in den sie betreffenden Bereichen respektiert werden muß. Ein anderer Fall: Auf Dauer wird das Strafgesetzbuch in Portugal nicht anders als in Deutschland sein können. Sicherlich wird es für viele Dinge weiterhin nationale Budgets geben, etwa für die Armee oder den Wohnungsbau. Alles in allem bedeutet dies, daß nationale Parlamente eine gewisse Rolle bewahren, die Politik jedoch weniger dominieren werden, als sie dies in den vergangenen Jahrzehnten als Endinstanz eines nationalstaatlich organisierten Europa tun konnten.

Im übrigen darf die deutsche Interessenvertretung in Europa natürlich nicht zersplittert sein, wenn sie wirksam sein soll. Föderalismus und Engagement für Europa heißen nicht, daß deutsche Interessen nicht wirksam gewahrt werden. Vor allem müssen sie mit einer Stimme vertreten werden. So gibt es bei der Wahrnehmung der Kulturhoheit gegenüber der Europäischen Union folgende Regelung: Hinter dem deutschen Außen- oder Innenminister sitzt noch ein Staatsminister eines Bundeslandes – mit der Begründung, daß unsere Kulturinteressen in Europa von den Bundesländern vertreten würden und nicht von der nationalen Regierung. Dies ist ein völlig unsinniger Auswuchs des Föderalismus. Auf Dauer müssen die Bundesländer ihre Grenzen in beiderlei Hinsicht kennen, als Möglichkeit wie als Beschränkung: Sie können nicht definieren, wie sich Deutschland in Europa bewegt, aber sie müssen auch ihre Rechte wahrnehmen. Die europäische Gesetzgebung, so wie sie der Bürger zu spüren bekommt, wird in ihren Händen liegen.

Deutschland ist föderaler organisiert als manche anderen Mitgliedsstaaten der Europäischen Union, die noch Schwierigkeiten haben, Kompetenzen an Regionen oder Provinzen abzutreten. Was bedeutet diese föderale Struktur für Deutschlands Zukunftschancen in Europa? Die Antwort wird davon abhängen, ob wir eine Reform des Föderalismus durchsetzen können, doch nicht ausschließlich. Auch bei allen jetzt zu konstatierenden Blockaden hat unsere bundesstaatliche Verfassung bereits ihre Vorteile – die sich natürlich durch eine Neugestaltung noch stärker ausprägen werden. Das Prinzip des Wettbewerbs auf der nationalen Ebene nicht auszuschließen, sondern zu fördern, erhöht das mögliche Entwicklungstempo. Zwischen den einzelnen Bundesländern Vergleichsmaßstäbe zu schaffen, verbessert unsere Fähigkeit, auf neue Entwicklungen zu reagieren. Der französische Zentralstaat in seiner alten Struktur wäre einem System des föderalen Wettbewerbs unterlegen. Andere Länder, die sich in dieser Richtung noch nicht so weit entwickelt haben wie die Bundesrepublik Deutschland, werden sich in den kommenden Jahrzehnten in diesem Sinne bewegen. Die jüngsten Volksabstimmungen in Großbritannien weisen ebenso darauf hin wie die Einrichtung von Regionalräten in Frankreich, einem europäischen Kernland des Zentralismus.

In dieser Perspektive ist es nur angemessen, das Zukunftsprofil eines einzelnen Bundeslandes, wie zum Beispiel Hessen, von vornherein mit Blick auf die europäischen Möglichkeiten und Herausforderungen zu beschreiben. Vorrangig wichtig wird sein, Bündnispartner zu suchen. Hessen zum Beispiel gehört eigentlich zum Süden Deutschlands, der sich in Dynamik und Wachstum dank seiner politischen Führung weiterhin positiv vom Norden unterscheiden wird. Thüringen und Sachsen werden auf Dauer selbstverständlich zu dieser Südachse gehören. Ein Bundesland wie Hessen muß sich anstrengen, um nicht zwischen den Blöcken gleichsam zerrieben zu werden. Aufgrund seiner günstigen Verkehrssituation wird Hessen auf Dauer ein Profil als Land der Flexibilität und intensiver Kommunikationsstrukturen brauchen. Seine polyzentrische Ballungsregion ist für Lebensqualität und dezentrale Staatsverwaltung ein Vorteil, auch und gerade im Vergleich mit anderen europäischen Metropolregionen.

Hessen wird auf lange Sicht ein Land moderner Dienstleistungen sein und schneller Arbeitsplätze schaffen können als andere europäische Großagglomerationen. Das liegt allerdings an dem besonderen Pluspunkt der Finanzdienstleistungen. Daß es weitestgehend dieser weltweit wirksame Vorsprung ist, der Hessens Wirtschaftsdaten positiv gestaltet, ist mit Sicherheit langfristig nicht akzeptabel. Dienstleistung und Industrie müssen auch in Zukunft in ganz Hessen Chancen haben und zur Schaffung neuer Arbeitsplätze beitragen können. Entsprechende Bedeutung, wie sie das Verkehrskreuz im südlichen Hessen für die weitere wirtschaftliche Entwicklung hat, muß auch die Verkehrsinfrastruktur im Norden bekommen.

Mutatis mutandis gelten diese Feststellungen für die anderen Bundesländer auch, und darum ist im Blick auf den europäischen Kontext eine Fortschreibung unserer föderalen Verfassung so bedeutsam. Europa wird ein Europa der Regionen sein, diese Überzeugung findet immer mehr Anhänger.[2] Das bedeutet, daß eben auch eine Fülle ganz unterschiedlicher politisch-geographischer Gebilde im Wettbewerb miteinander stehen werden: Provinzen, Regionen als Zusammenschluß von Départements und anderen staatlichen Untergliederungen und eben auch die deutschen Bundesländer, wahrscheinlich auch Kooperationsvereinbarungen in größeren und damit wirtschaftlich leistungsfähigeren Einheiten zusammenarbeitend.

Diese erfolgreichen Beispiele existieren schon seit geraumer Zeit und sie weisen den Weg, den Europa beschreiten wird: Die verschiedenen Euregios, etwa die an der deutsch-niederländischen Grenze, die Kooperation Saar-Lor-Lux oder die Arge Alp, in der sich Bayern, Graubünden, Südtirol, die Lombardei und einige österreichische Bundesländer zusammengefunden haben. In manchen Fällen werden damit Grenzen aus dem Jahrhundert nationalstaatlicher Abschottung überwunden, und sicher kann dies auch ein Leitprinzip für zukünftige Kooperationen sein. Wo Traditionen früherer Wirtschaftsgemeinschaft und besonders intensiven kulturellen Austauschs noch lebendig sind, wird die Zusammenarbeit besonders erfolgreich sein. Wie weit die Denkmöglichkeiten gehen, zeigen die Ansätze zu Achsenbildungen, die über die geographische Nachbarschaft bereits hinausweisen – wenn etwa die süddeutschen Bundesländer sich als Wachstumsgemeinschaft zusammen mit anderen Boomregionen wie dem Rhônetal oder Katalonien definieren. So wichtig und verdienstvoll der Gedanke bleibt, die konkreten Grenzen mittels grenzüberschreitender Europa-Regionen zu überwinden, die Zukunft wird noch ganz andersgeartete Formen föderalistischer Kooperation in Europa hervorbringen, zum Beispiel nach Gesichtspunkten struktureller Ähnlichkeiten oder politischer Gemeinsamkeiten.

Föderalismus endet nicht im Landesparlament

Neben der Makroebene ist auch der Föderalismus an der Basis unseres Gemeinwesens neu zu gestalten. Eine Stärkung der Länderverwaltungen im Rahmen einer angemesseren Aufgabenverteilung zwischen Bund und Ländern folgt dem Grundsatz der Leistungssteigerung durch Dezentralität. Die Länder müssen dann erkennen, daß sie dieser Grundsatzposition zufolge verpflichtet sind, Dezentralität auch im Verhältnis der kommunalen Gebietskörperschaften zu den Bundesländern zu verwirklichen. Das Stichwort heißt hier Verwaltungsreform und Verwaltungsmodernisierung. Die dreistufige Verwaltungsstruktur in vielen Bundesländern resultiert heute noch aus dem Denken des preußischen Königshauses: Landesregierungen, Kommunalverwaltungen und dazwischen Bezirksverwaltungen oder Regierungspräsidien. Für das Land Hessen würde der erste Schritt einer Verwaltungsreform der sein, diese intermediäre Ebene aufzulösen und die Aufgaben teils den Kommunen, teils den einschlägigen Fachministerien zuzuweisen.

Viel mehr Entscheidungen als heute müssen der kommunalen Selbstverwaltung übergeben werden. Auf dieser Ebene müssen die Kreise weniger und die durch die Gebietsreform größer gewordenen Städte und Gemeinden mehr an Aufgaben übernehmen. Der Staat in Gestalt der Länder muß auch hier Rechte zur eigenen Ermessensausübung an die kommunalen Gebietskörperschaften übergeben und sich nur ein an Gesetzestreue ausgerichtetes Kontrollsystem vorbehalten. Damit ermöglicht er, genauso wie bei der Konkurrenz zwischen den Bundesländern, auch in der Konkurrenz zwischen den kommunalen Strukturen unterschiedliche Entwicklungen, unterschiedliches Ermessen in vielen Rechtsbereichen. Die traditionelle Überlegung, daß ein Bundesland sein Gebiet bis hin zu einzelnen Parzellen verplanen muß und damit jeder Gemeinde von 15 000 Einwohnern im Detail vorschreibt, ob sie ein Wohn- oder Gewerbegebiet links oder rechts von einer Straße ansiedeln darf oder muß, ist veraltet und wird den zukünftigen Anforderungen nicht mehr gerecht.

Zum Gedanken des Wettbewerbs und der Ausnutzung eigener Spielräume gehört, daß sich der Staat auch hier ein Stück weit zurückziehen muß, etwa was die Dichte von Regelungen angeht. Verwaltungsentscheidungen werden dadurch schneller und bürgernäher, der Staat wird schlanker, da die geringere Entscheidungshäufigkeit weniger Personal bei den staatlichen Instanzen verlangt. Viele Aufgaben werden sich von selbst erledigen. Dort, wo die staatliche Verwaltung dem Bürger direkt gegenübertritt, heißt dann in Zukunft ihr oberster Grundsatz: Der Verwaltungsbeamte muß mit dem »Risiko« leben, den Bürger, den ein Verwaltungsakt betrifft, auch einmal persönlich zu treffen. So dezentral muß – und kann im Zeichen von Internet und allgemeinem Datenaustausch – eine staatliche Verwaltung werden.

Auf drei Ebenen können wir mithin zu einer neuen Qualität von Föderalismus vorstoßen: im Verhältnis zwischen Europa und den Nationalstaaten, zwischen Bundesstaat und Bundesland und schließlich zwischen Ländern und Kommunen. Daß diese umfassende Neugestaltung der Staatlichkeit kein Werk weniger Jahre sein kann, ist augenscheinlich. Aber der Föderalismus ist auch keine kurzlebige Erscheinung. Seine Aktualität erwächst gerade aus seiner historischen Fundierung in der europäischen und besonders der deutschen Geschichte, »kein staatsgeschichtliches Relikt, sondern aktuell staatsverwandelnd«.[3]

1 Warum der Bundesrat so mächtig geworden ist. Über die Notwendigkeit einer Verfassungsreform. In: Frankfurter Rundschau, 27. 7. 1998.

2 Hermann Lübbe, Abschied vom Superstaat. Vereinigte Staaten von Europa wird es nicht geben, Berlin 1994, Kap. V.

3 Ebd., S. 126.

Nachwort

Anfang 1984 saß ich, gerade stellvertretender Bundesvorsitzender der Jungen Union Deutschlands geworden, mit meinen JU-Kollegen im Bonner Kanzlerbungalow. Helmut Kohl hatte uns zur Diskussion über die aktuelle Politik eingeladen. Es wurde ein sehr langer Abend, dem einige Jahre hindurch weitere folgten.

Helmut Kohl faszinierte die meisten von uns. Nicht mit seinen Ausführungen zu den Tagesaktualitäten, sondern mit seiner Vision der Zukunft Europas. Mal sprach er vom nächsten Gipfel, mal vom Europa für unsere Kinder. Er schimpfte über die Bürokratie, aber er malte zugleich – zwei Jahre nach dem NATO-Doppelbeschluß – das Bild des friedlichen Hauses Europa. Man konnte hören und sehen, wie sehr er selbst an die Erreichbarkeit dieses gemeinsamen Hauses glaubte. Mag sein, daß er über manchen unserer tagespolitischen Streitigkeiten einfach hinwegsah, aber wir konnten erleben, welche Ziele ihm wichtig waren.

Am Ende der Ära Kohl sind die Eckpfeiler seiner Vision Realität. Wir konnten uns damals nicht vorstellen, was er die Unumkehrbarkeit der europäischen Einigung nannte. Jetzt, in der Zeit gemeinsamer Währung und übernationaler Armeecorps, wissen wir es.

Heute bin ich fest davon überzeugt, Helmut Kohl konnte seine Ziele nur erreichen, weil er eine klare Vision vom Haus Europa hatte und andere – wie uns – von dieser Vision begeistern konnte. Diese Stärke hatte in seiner Ära kein zweiter deutscher Politiker.

Der Wähler hat die Ära Kohl tagespolitisch beendet. Aber das Beispiel Helmut Kohls muß uns zeigen, daß es solcher Visionen bedarf. Wir brauchen sie, um Menschen von unseren Ideen zu begeistern, aber auch, um im »Tageskampf« um Schlagzeilen das Wichtige noch vom Unwichtigen unterscheiden zu können.

Das Deutschland und Europa meiner Kinder kann frei sein, kann in Frieden leben, kann wohlhabend sein, kann Spaß machen und zum Mitmachen einladen. Die Apokalyptiker werden verlieren. Man kann sich auf das 21. Jahrhundert freuen.

Das Buch soll allen Mut machen, in der Tradition dieses Denkens die Realisierung der Vision des 21. Jahrhunderts so anzugehen.